Collection
REPÈRE

INITIATION à L'INFORMATIQUE

Votre PC, Windows 7, Word 2010, Excel 2010, Internet Explorer 9 et Outlook 2010

ISBN : 978-2-7460-7066-0
ISSN : 1292-4962
Imprimé en France

Editions ENI

ZAC du Moulin Neuf
Rue Benjamin Franklin
44800 St HERBLAIN

Tél : 02.51.80.15.15
Fax : 02.51.80.15.16

e-mail : editions@ediENI.com
http://www.editions-eni.com

La collection **Repère** est dirigée par Corinne HERVO

AVANT-PROPOS

La collection **Repère** est destinée à toute personne qui débute en micro-informatique. Elle est conçue pour vous donner des explications claires, très détaillées, à l'aide de termes simples et précis. Ces explications sont basées sur la règle "un titre - un écran" : chaque commande est illustrée par une boîte de dialogue ou par un écran d'exemple.

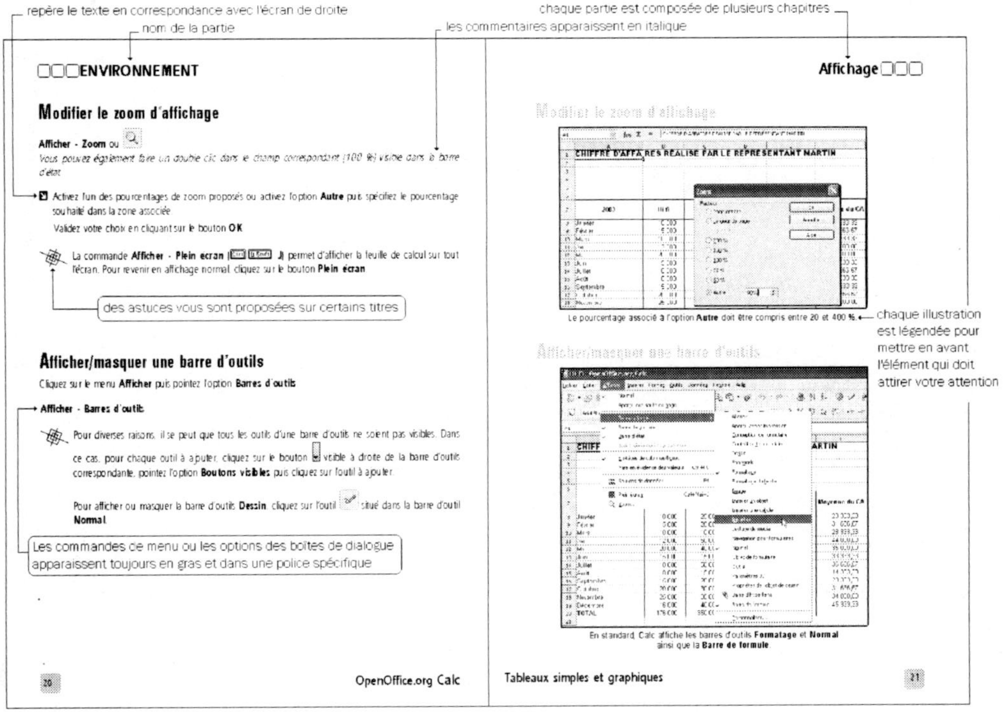

Ce support devant être le plus complet possible, nous avons choisi de vous présenter toutes les solutions permettant d'effectuer une manipulation en les caractérisant à l'aide des icônes (solution souris) et (solution clavier) et (texte à dicter à condition que la reconnaissance vocale soit activée).

Chaque support de la collection **Repère** est organisé en parties comprenant un ou plusieurs chapitres. L'organisation générale de l'ouvrage est détaillée dans la **Table des matières** qui suit.

En fin d'ouvrage, l'**Index** permet de retrouver rapidement la page correspondant à un point précis.

DÉCOUVERTE DU MATÉRIEL — Partie 1

LE MICRO-ORDINATEUR

DÉCOUVERTE DE L'ENVIRONNEMENT — Partie 2

LE BUREAU

LES MANIPULATIONS ESSENTIELLES

DÉCOUVERTE DE WORD 2010 ET EXCEL 2010

Partie 3

WORD 2010

EXCEL 2010

L'EXPLORATEUR WINDOWS — Partie 4

AFFICHAGE DES DOSSIERS ET DES FICHIERS

GESTION DES FICHIERS ET DES DOSSIERS

INTERNET

Partie 5

INTERNET EXPLORER 9

OUTLOOK 2010

Partie 1

DÉCOUVERTE DU MATÉRIEL

Brancher le micro-ordinateur

Nous vous proposons un premier tour guidé pour la prise en main de votre ordinateur.

L'unité centrale et l'écran doivent être raccordés au secteur : côté machine, le câble est de cette forme : .

L'alimentation secteur de l'écran peut s'effectuer de différentes façons :

- directement sur le secteur, le câble étant ou non solidaire de l'écran.
- via l'unité centrale : câble secteur 3 broches mâle-femelle :

Voici une liste des types de connexion possibles que vous trouverez au dos de l'unité centrale et leur usage courant. Les éléments sont assez faciles à connecter car il n'y a souvent qu'un seul type de périphérique pour chaque type de prise.

Nom courant	Broches	Schéma	Usage
Universal-Serial-Bus = USB type A	4		Nombreux usages : souris, clavier, clés et disques durs externes...
PS/2	6		Clavier et souris sur PC.
VGA, Super-VGA, XGA	15		Écran
Prise parallèle de type A	25		Imprimante
DVI-D = DVI numérique	25	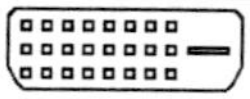	Vidéo projecteur numérique
DVI-I = DV Numérique/ Analogique	29	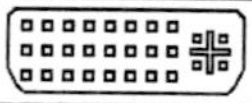	Écran et vidéo-projecteur
Ethernet	8	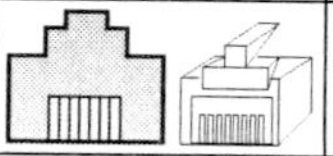	Connexions réseau
IEEE-1394 ou Fire-Wire	6	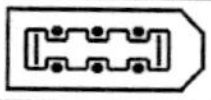	Disques durs externes, caméras
APPLE Macintosh	8		Souris et clavier sur Mac uniquement
APPLE Macintosh	4		Clavier sur Mac uniquement
RS 232 - Prise série	9		Souris, modem, de moins en moins utilisée

En vous aidant de ces schémas, vous retrouverez au dos de l'unité centrale les prises adéquates pour alimenter l'unité centrale et l'écran et connecter l'écran, la souris et le clavier :

Préparez l'alimentation secteur de l'écran et de l'unité centrale, sans insérer les prises. Raccordez l'écran (ou moniteur) à l'unité centrale. Branchez la souris et le clavier en PS/2 ou USB. Insérez les prises secteur.

Allumez l'écran puis l'unité centrale en utilisant pour chacun d'eux le bouton **Power** . Ne branchez pas pour l'instant d'autres périphériques.

L'ordinateur s'allume en affichant un premier écran d'accueil.

Brancher le micro-ordinateur

L'unité centrale (UC) représente l'ordinateur proprement dit. Les périphériques, ici un écran, une souris et un clavier, permettent à l'utilisateur de manipuler l'unité centrale.

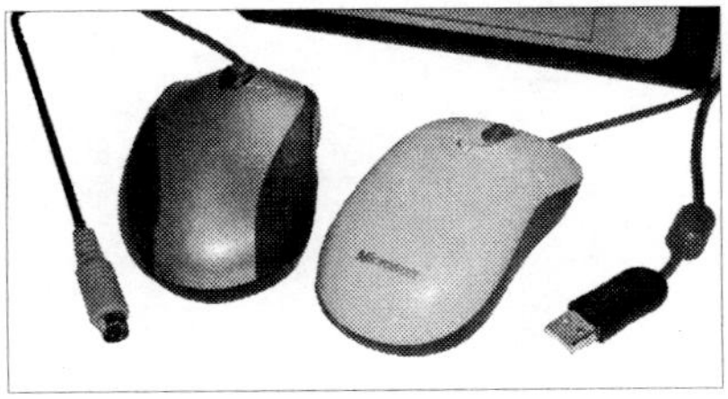

Les souris PC se connectent en PS/2 (à gauche) ou en USB (à droite)

L'unité centrale

Dans cette grosse boîte, appelée unité centrale, se cache un assemblage de cartes pas si difficile à appréhender. L'unité centrale est la partie principale de l'ordinateur.

En façade de l'unité centrale

De haut en bas :

- Le ou les lecteur(s) de CD-Rom, DVD-Rom, graveurs ou lecteurs simples (a).
- Les disques durs (g). Ceux-ci sont empilés derrière des bandeaux de façade.
- Le lecteur de disquettes (b).
- Le **bouton Power** (e) : permet la mise sous tension de l'unité centrale.
- Le **bouton témoin** (c) : généralement vert, s'allume quand l'unité centrale fonctionne.
- Le **bouton témoin de disque dur** (d) : généralement rouge/orange, s'allume quand le disque dur "travaille" (quand vous demandez à chercher des informations sur le disque dur ou lorsque vous enregistrez vos données sur le disque, par exemple).
- Le **bouton Reset** (f) : permet de relancer le micro-ordinateur en cas de blocage des commandes ("plantage" en langage familier !).

À l'arrière de l'unité centrale

- La prise secteur et l'aération du bloc d'alimentation,
- Les connecteurs apparents sont les parties visibles des cartes enfichées à l'intérieur de l'unité centrale.

Les cartes sont des éléments indépendants qui supportent la connectique des périphériques. Il faut ouvrir le boîtier de l'unité centrale pour les visualiser.

L'unité centrale

Les cartes et les ports

Les cartes sont dédiées à la gestion des **ports** : nom donné aux connecteurs visibles à l'arrière de l'unité centrale. Parfois, pour des raisons de commodité, ces ports (ports USB par exemple) sont également accessibles en façade de l'unité centrale, sur le clavier ou sur l'écran.

La **carte mère** est la plus grande et dispose de "slots", connecteurs en longueur dans lesquels viennent s'enficher les autres cartes.

La carte mère supporte également une grande partie de la connectique (clavier, souris, imprimante, ports USB, FireWire...) disposée en hauteur sur les boîtiers "tour", comme celui des illustrations. Les cartes mères disposent de plus en plus souvent de prises Ethernet, dédiées à la connexion de machines en réseau :

La **carte vidéo** supporte la connectique de l'écran. Les "hard gamers", fans de jeux vidéo, la choisissent très puissante pour que les images restent fluides.

La **carte son** supporte la connectique des haut-parleurs, micros, sera choisie avec attention par les amateurs de MAO (Musique Assistée par Ordinateur) :

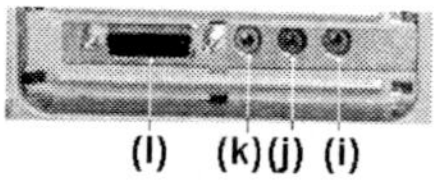

Ces connexions sont généralement représentées sur la carte son par les symboles suivants :

(i) les haut-parleurs ou le casque (vert clair)

(j) le matériel hi-fi (bleu clair)

(k) le microphone (rose)

(l) le joystick

D'autres composants peuvent se présenter sous forme de carte, comme le modem.

Les **connecteurs USB** permettent de brancher un grand nombre de périphériques. Ils se reconnaissent à leur forme, ainsi qu'au symbole qui les accompagne :

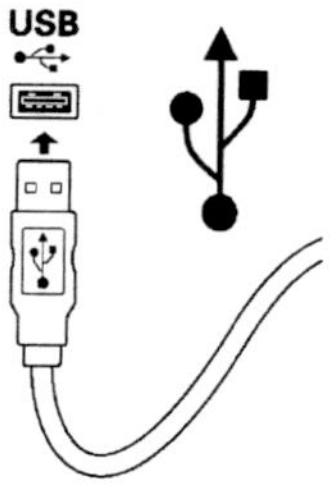

Détail de l'intérieur de l'unité centrale : au fond la carte mère et 2 "slots" non utilisés visibles en bas.

En correspondance, à gauche verticalement les connecteurs supportés par la carte mère et à droite, ces mêmes connecteurs vus de l'intérieur. En bas à gauche, les connecteurs supportés par la carte vidéo, et à droite, cette carte vue de l'intérieur.

Carte mère, processeur et mémoire

Les trois éléments principaux d'un ordinateur déterminent sa puissance. On désigne sous le terme "configuration", les éléments les plus importants de l'ordinateur :

Carte mère : elle est décrite :

- par les connexions qu'elle autorise : nombre de ports USB, port FireWire,
- par la puissance du processeur et le type de mémoire qu'elle supporte.

Processeur : caractérisé par sa cadence exprimée en MHz (mégahertz).

Mémoire : il s'agit de la mémoire vive ou **RAM**, exprimée en Mo (Mégaoctets). Elle permet le stockage des informations nécessaires pour effectuer les opérations demandées par l'utilisateur. Elle se présente sous forme de barrettes.

Ces trois éléments doivent être parfaitement compatibles et déterminent la puissance de la machine.

En exemple, voici la configuration minimale recommandée pour faire tourner Windows XP :

- Un PC équipé d'un processeur cadencé à 300 MHz ou supérieur recommandé ; 233 MHz requis ; famille des produits Intel Pentium/Celeron, famille des produits AMD K6/Athlon/Duron ou processeur compatible recommandé.
- 128 Mo de mémoire vive (RAM) au minimum recommandé (64 Mo minimum requis ; risque de nuire aux performances et à certaines fonctionnalités).
- 1,5 Go d'espace libre sur un disque dur.
- Une carte graphique et un écran haute résolution Super VGA (800 x 600) ou supérieure.
- Un lecteur de CD-ROM ou DVD.
- Un clavier et une souris Microsoft ou tout autre dispositif de pointage compatible.

Les matériels se démodant très vite (en 3 mois), vous bénéficierez du meilleur rapport qualité/prix en achetant un ordinateur proposant la technologie mise sur le marché depuis 6 mois. Les prix auront baissé et les fournisseurs auront acquis une bonne connaissance de ces configurations.

Au centre de la carte mère, le processeur est protégé par un ventilateur.

Détail des barrettes de mémoire enfichées sur la carte mère.

Disques et lecteurs de disque

Ils vous permettent de sauvegarder vos fichiers.

Les **disques durs** sont caractérisés par leur capacité exprimée en octets (mégaoctets, gigaoctets, voire teraoctets) et la connectique qui les relie à la carte mère. Les disques durs peuvent être :

- **internes** : vissés dans le boîtier de l'unité centrale,
- **externes** : connectables en USB ou FireWire et donc transportables.

Les **lecteurs de disques** acceptent des dispositifs de stockage légers, transportables et peu onéreux :

- Le **lecteur de disquettes 3,5 pouces** : chaque disquette a une capacité très faible de 1,4 Mo. Le contenu d'une disquette peut être effacé et remplacé. Ce support tend à disparaître devant la généralisation des clés USB.
- Le **lecteur de CD-Rom** : chaque CD-Rom a une capacité de 650 Mo. Un CD-Rom ne peut être inscrit qu'une fois (exception faite des CD-RW), et il faut disposer d'un graveur ou d'un combo lecteur-graveur pour y inscrire des données.
- Le **lecteur de DVD-Rom** : chaque DVD-Rom a une capacité de 4,7 à 17 Gigas selon le nombre de couches et de faces qu'il offre. Comme le CD-Rom, il n'est inscriptible qu'une fois et il faut posséder un lecteur-graveur de DVD pour y inscrire des données. Il existe des CD-Rom et DVD-Rom RW (Read Write) réinscriptibles plusieurs fois).

La **clé USB** : c'est un petit disque amovible de la taille d'un briquet, aussi facile à brancher qu'à transporter. On en trouve de toutes capacités : 64 Mo, 128 Mo, 1 Go et ces chiffres ne pourront qu'augmenter.
Il est très important de respecter la procédure de débranchement pour éviter un court-circuit qui peut lui être fatal.

Le CD-Rom est le support le plus utilisé pour la commercialisation des logiciels.

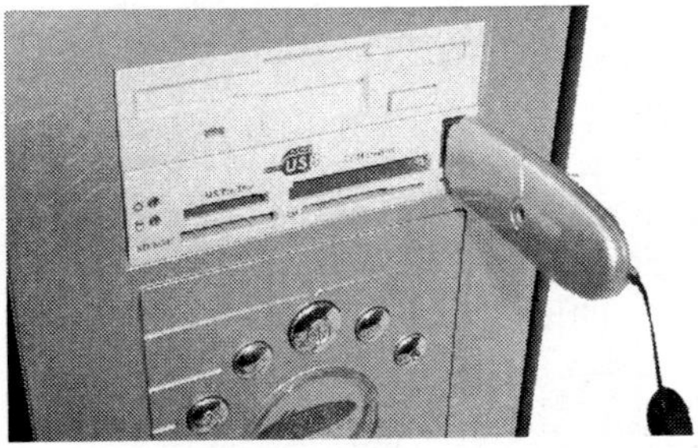

La clé USB est un support très pratique pouvant être connecté sur tout type de micro (PC, Mac...).

L'écran ou moniteur

L'écran, ou moniteur, est indispensable pour travailler avec un ordinateur. Pour limiter votre fatigue visuelle, vous devez savoir le régler. Les informations données ci-dessous sont à compléter avec le mode d'emploi fourni par le constructeur.

Les nouvelles générations d'écran se règlent en OSD : On Screen Display, c'est-à-dire via un menu affiché sur l'écran. Vous disposez sur le cadre de l'écran d'un bouton qui active le menu, et de boutons vous permettant de valider, augmenter ou diminuer les valeurs.

Dans notre exemple, le bouton **Menu** permet selon le contexte :

- d'afficher le menu sur l'écran,
- de sélectionner une option de menu,
- de valider les valeurs choisies.

Les boutons flèche droite et flèche gauche permettent selon le contexte :

- de sélectionner une option de menu,
- de modifier les valeurs.

Sur d'autres modèles d'écran, deux boutons supplémentaires sont dédiés à la modification des valeurs.

Voici les icônes typiques des réglages auxquels vous avez accès :

Réglages de l'image		Réglage de la phase, c'est-à-dire réduire les parasites sur les lignes horizontales.
		Réglage de l'horloge, c'est-à-dire réduire les parasites sur les lignes verticales.
Réglages de la luminance		Réglage du contraste.
		Réglage de la luminosité.
Réglages de la position de l'image		Réglage de la position horizontale.
		Réglage de la position verticale.

L'une des options du menu vous permet de rappeler les réglages par défaut, dits réglages "usine".

Les "gros" écrans, dits écrans CRT, fonctionnent à l'aide d'un tube cathodique, une technologie qui remonte à 1897. Chacun d'eux contient deux à quatre kilogrammes de blindage de plomb, dangereux pour l'environnement. Leur fabrication est aujourd'hui quasiment arrêtée. Si vous devez vous en débarrasser, contactez une déchetterie ou un distributeur informatique pour que le matériel intègre une filière de recyclage.

L'écran ou moniteur

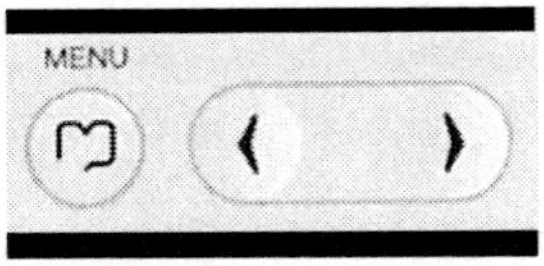

Le clavier

Le pavé "Machine à écrire" (A) contient des touches qui permettent la saisie de caractères (lettres ou chiffres) ; certaines de ces touches ont des fonctions spécifiques.

- La touche Caps Lock ou Verrouillage Majuscules (a) permet d'activer le verrouillage majuscules ; lorsque vous appuyez sur cette touche, le témoin (1) s'allume : si vous appuyez sur une touche possédant une lettre, celle-ci apparaît alors en majuscule ; si vous appuyez sur une touche possédant deux ou trois caractères (par exemple [5 (]), c'est le caractère situé en haut qui apparaît (ici le 5).
- Pour désactiver le verrouillage majuscules, appuyez sur la touche **Shift** (b) : le témoin (1) s'éteint. Si vous appuyez sur une touche contenant une lettre, elle apparaît maintenant en minuscule ; si vous appuyez sur [5 (], c'est maintenant la parenthèse qui apparaît à l'écran. Sur certains claviers, il faut appuyer sur la touche **Verrouillage majuscules**. Lorsque seule la première lettre d'un mot doit apparaître en majuscule, il n'est pas nécessaire d'activer le verrouillage majuscules : appuyez sur la touche **Shift** et, tout en la laissant enfoncée, appuyez sur la touche contenant la lettre. Si vous appuyez sur la touche **Shift** et sur la touche [5 (], c'est le caractère 5 qui apparaîtra.
- La touche (c), appelée **Tabulation**, permet de positionner un mot ou un texte à un endroit que vous aurez préalablement défini en posant un taquet de tabulation. Cette touche permet également d'accéder successivement aux différentes options d'une boîte de dialogue.
- La touche **Retour**, appelée aussi **Retour arrière** (d), permet d'effacer les derniers caractères saisis.
- La touche **Entrée** (e) est une des touches fondamentales du clavier car elle permet de valider les informations que vous transmettez à l'ordinateur ; elle est aussi très utilisée lorsque vous saisissez un texte car elle permet de passer à la ligne suivante.
- Les touches **Control** (f) et **Alt** (g) sont toujours utilisées en association avec une autre touche ou avec la souris : leur fonction dépend de l'application dans laquelle vous travaillez.
- La touche **Alt Gr** (h) permet d'obtenir le troisième caractère visible sur certaines touches : ainsi, pour obtenir le symbole @ (arobas en français, at en anglais), il faut appuyer simultanément sur **Alt Gr** et sur la touche [0 à @]. Pour le symbole , il faut appuyer simultanément sur les touches **Alt Gr** et E.
- La **barre d'espace** (k) permet d'insérer un espace dans le texte (espace entre deux mots, par exemple).
- La touche **Windows** (i) permet l'ouverture du menu **Démarrer** de Windows.
- La touche **Menu** (j) permet d'afficher le menu associé à l'élément actif (menu contextuel).

Le clavier

Les différents "pavés" du clavier

Les touches spécifiques du pavé "Machine à écrire"

Les **touches de fonction** (B) effectuent chacune une action qui peut différer suivant les applications. Néanmoins, dans toutes les applications, la touche **F1** ouvre une fenêtre contenant un texte d'aide sur l'utilisation de l'application en cours.

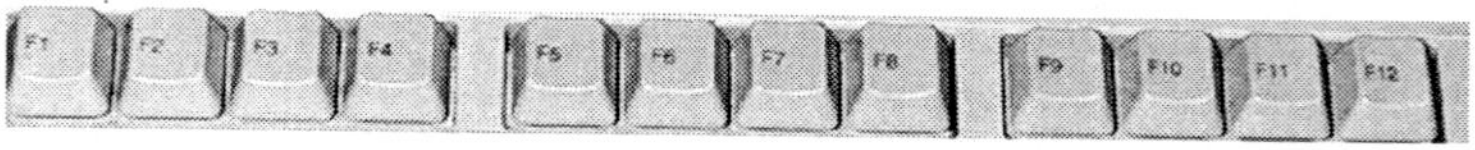

Le pavé ci-contre contient le pavé de déplacement (C) et les flèches de direction (D) qui permettent d'accéder aux différents éléments visibles sur l'écran.

Lorsque vous entrez des données, il est nécessaire que vous indiquiez à l'ordinateur où il faut intégrer les éléments que vous allez saisir ; par exemple, si vous complétez un texte, vous commencerez par accéder au paragraphe dans lequel vous voulez saisir ce nouveau texte ; cette position est matérialisée à l'écran de façons diverses en fonction de l'application dans laquelle vous travaillez : dans un texte, elle est symbolisée par un trait vertical clignotant que l'on appelle **point d'insertion**. Les touches décrites ci-après permettent alors de déplacer le point d'insertion dans le texte :

- vers le haut (k) : dans un texte, cette touche permet d'accéder à la ligne précédente.
- vers le bas (l) : dans un texte, cette touche permet d'accéder à la ligne suivante.
- vers la gauche (m) : dans un texte, cette touche permet de déplacer le point d'insertion avant le caractère précédent.
- vers la droite (n) : dans un texte, cette touche permet de déplacer le point d'insertion après le caractère suivant.

Le pavé de déplacement (C) contient des touches qui permettent des déplacements plus conséquents :

- Aller à la page précédente (o).
- Aller à la page suivante (p).
- Aller au début de la ligne (q).
- Aller à la fin de la ligne (r).
- La touche **Inser** (s) permet d'activer et de désactiver le mode Insertion : lorsque ce mode est actif, les caractères que vous saisissez s'insèrent au milieu des caractères existants ; lorsque ce mode est inactif, les caractères saisis remplacent les caractères existants.
- La touche **Suppr** (t) permet de supprimer les caractères placés à droite du point d'insertion.

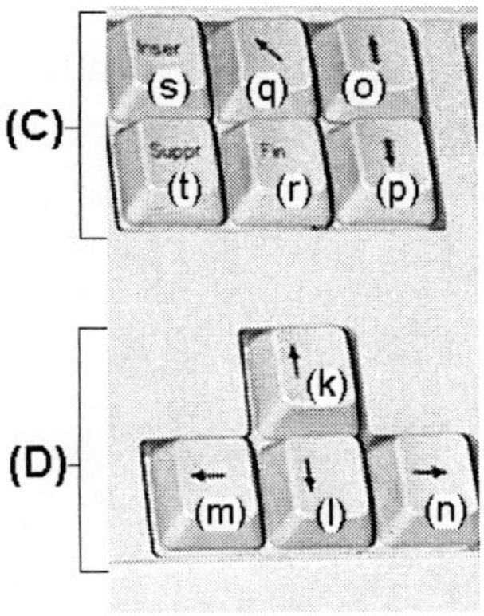
(C)
Inser
(s)
(q)
(o)
Suppr
(t)
Fin
(r)
(p)
(D)
(k)
(m)
(l)
(n)

Le pavé numérique (E) :

- La touche **VerrNum** permet d'activer ou de désactiver le verrouillage numérique. Lorsque le verrouillage numérique est activé, le témoin (2) s'allume (c'est le cas lorsque vous démarrez l'ordinateur) : si vous appuyez sur une touche du pavé numérique qui contient un chiffre et une flèche, c'est le chiffre qui apparaît à l'écran. Si vous désactivez le verrouillage numérique, les touches se comportent alors comme celles du pavé de déplacement.
- Le pavé numérique contient aussi des touches avec les opérateurs mathématiques (+ pour l'addition, - pour la soustraction, * pour la multiplication, / pour la division).
- Il contient aussi une touche **Entr** qui a exactement le même rôle que la touche **Entrée** visible sur le pavé "Machine à écrire" (elle est utilisée lors de la saisie de chiffres car elle est alors plus rapide à atteindre que la touche **Entrée**).

Indépendamment de ces différents pavés, d'autres touches existent (F) :

- La touche **ImprEcran** permet de mémoriser l'écran tel qu'il vous apparaît, pour l'imprimer.
- La touche **Arrêt Défil** permet de débloquer le clavier quand le témoin (3) s'allume. Cette touche est de moins en moins utilisée.
- La touche **Pause** permet, dans certaines applications, de stopper momentanément un défilement d'informations.

La touche **Echap**, située dans le coin supérieur gauche du clavier, permet dans certains cas, d'annuler la saisie effectuée.

Le pavé numérique

La souris

La souris permet d'agir sur certains éléments visibles à l'écran (ouvrir un menu, sélectionner des éléments) ; le point d'impact correspondant est matérialisé à l'écran par une flèche blanche appelée **pointeur** (ou quelquefois, **curseur**). En faisant glisser la souris sur le tapis, vous déplacez le pointeur sur l'élément à atteindre. Aujourd'hui, deux familles de souris existent :
- la souris à bille ;
- la souris optique qui ne nécessite pas d'entretien particulier.

Une fois l'élément atteint, vous devez cliquer sur le bouton gauche de la souris pour exécuter une action (ouvrir un menu, par exemple).

Pour exécuter certaines actions, il est nécessaire de faire un double clic ; vous devez alors appuyer deux fois sur le bouton gauche, les deux clics devant être suffisamment rapprochés.

Lorsque vous devez sélectionner plusieurs éléments sur l'écran, vous pouvez être amené à faire un cliqué-glissé : cette technique consiste à cliquer et, tout en laissant le bouton de la souris enfoncé, à déplacer la souris de façon à étendre la sélection visible sur l'écran ; lorsque la sélection convient, il faut relâcher le bouton de la souris.

L'appui sur le bouton droit de la souris (clic droit) permet l'affichage du menu contextuel : celui-ci contient les options applicables à l'élément pointé (l'élément sur lequel se trouve le pointeur).

La roulette, située entre les deux boutons, permet le déplacement rapide dans un texte : lorsque vous faites tourner la roulette, le texte défile sur l'écran. Elle remplace l'utilisation des touches [Pg Up] *et* [Pg Dn].

Certaines souris ont trois boutons. Le bouton du milieu peut être, selon la demande de l'utilisateur, utilisé pour effectuer des tâches rapidement. On dit alors que l'utilisateur a paramétré la souris.

La souris à bille est un élément à nettoyer régulièrement. Pour cela, vous devez enlever la bille qui se trouve dessous et nettoyer avec un outil non contendant (vos ongles feront très bien l'affaire) les rouleaux qui retiennent la bille et permettent sa mobilité car la poussière s'y accumule.

La souris

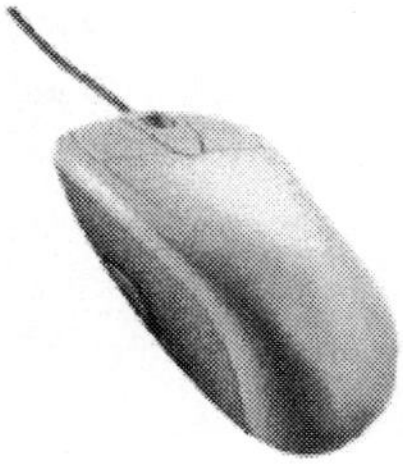

L'imprimante

Les imprimantes utilisées aujourd'hui sont de deux types différents : imprimante à jet d'encre (a) ou imprimante laser (b). Une imprimante laser, à moins d'avoir un budget important (environ 2 290 € pour la couleur), permet essentiellement des impressions en noir et blanc (300 à 450 € pour une utilisation classique). Pour cela, vous utilisez des toners (un peu comme pour les photocopieurs) et/ou des tambours suivant les modèles et marques. Une imprimante à jet d'encre (de 75 à 220 € pour une utilisation traditionnelle) permet, la plupart du temps, des impressions couleur ou noir et blanc. Pour cela, vous utilisez des cartouches d'encre.

Chaque imprimante est livrée avec :

- les cartouches ou toners ; vous devez les changer régulièrement ce qui augmente le coût d'utilisation de l'imprimante. Le coût de ces éléments (appelés **consommables**) est très variable selon les constructeurs. Attention toutefois, certaines imprimantes laser nécessitent en plus du toner, un changement régulier du tambour.
- le cordon d'alimentation secteur (220V).
- le pilote de l'imprimante (driver) est généralement stocké sur un CD-Rom et permet la reconnaissance de l'imprimante par le système d'exploitation. Après l'installation physique de l'imprimante, il est impératif d'effectuer l'installation logicielle de l'imprimante par le biais de ce CD-Rom.

Le cordon imprimante n'est généralement pas livré avec l'imprimante. Ce cordon relie l'imprimante au micro-ordinateur et permet la transmission des informations (données) ; il se branche sur le port parallèle par la connexion (c) et sur l'imprimante par la connexion (d) appelée centronic, ou sur le port USB par la connexion (e) et sur l'imprimante par la connexion (f).

Toutes les imprimantes à jet d'encre ne gèrent pas les cartouches de la même manière. Certaines vous permettent d'acheter une cartouche par couleur alors que d'autres possèdent une cartouche noir et blanc et une seule cartouche pour toutes les couleurs. Dans le premier cas, vous pourrez acheter uniquement la cartouche de la couleur qui vous fait défaut alors que dans le second cas, si votre imprimante n'a plus de bleu, vous devrez remplacer la cartouche couleur.

Certaines imprimantes à jet d'encre vous permettent, par l'achat de cartouches et de papier spécial photos, d'obtenir une qualité proche de celle d'une photographie.

L'imprimante

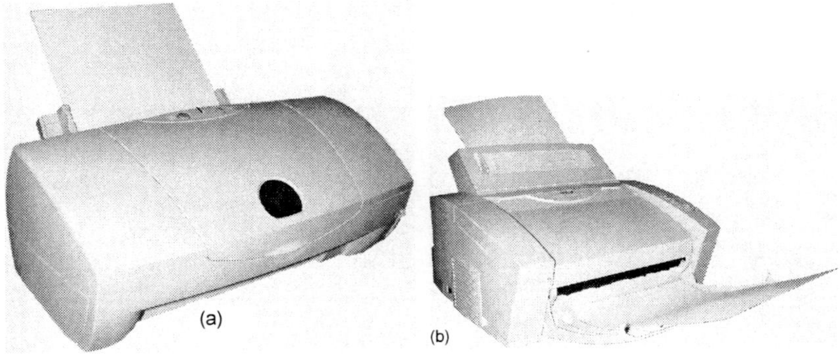

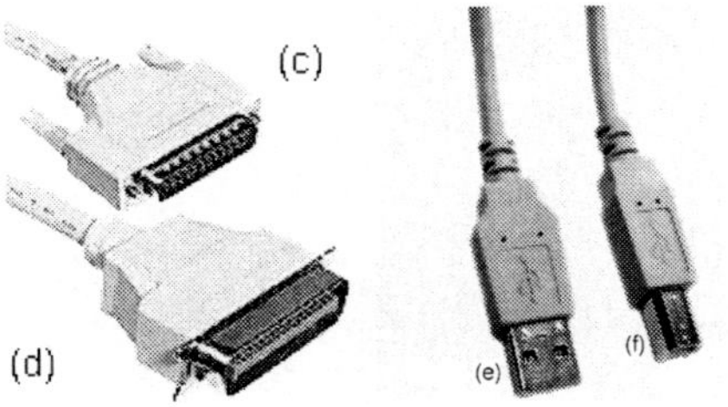

Modem, routeur et box

Le **modem** (contraction de modulateur-démodulateur) est le périphérique utilisé pour transformer le code binaire (une série de 0 et de 1) utilisé par votre ordinateur en code analogique utilisé sur les lignes qui vous relieront à Internet.

Le modem est livré avec un "driver" (ou pilote), programme sur CD-Rom qui gèrera l'installation sur votre ordinateur.

Le **modem-routeur** cumule les fonctions d'un modem et les fonctions d'un routeur, périphérique capable d'aiguiller les données à travers un réseau.

Il permet le partage de la connexion Internet entre plusieurs ordinateurs de la maison. Il est caractérisé par le nombre de connecteurs physiques USB et Ethernet qu'il propose. Il peut aussi permettre la connexion sans fil : le Wi-Fi.

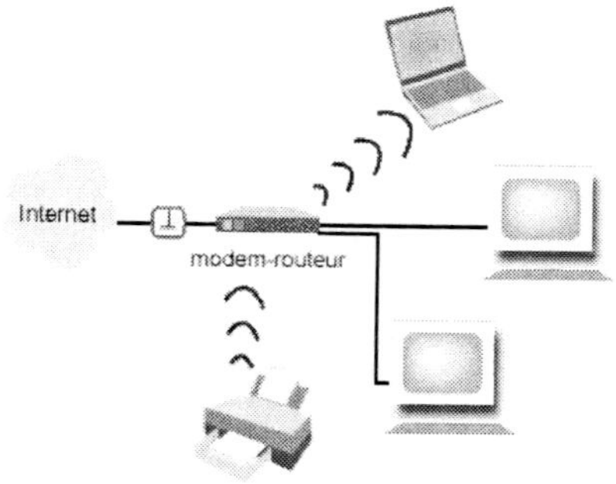

Les différents éléments du réseau de la maison se raccordent avec ou sans fil au modem-routeur.

Le modem-routeur, commercialisé au prix de 100 euros environ, peut être utilisé avec tous les fournisseurs d'accès à Internet (FAI).

Les modems "**box**" sont des modems-routeurs offrant en plus des fonctionnalités de téléphonie et de télévision. Le schéma d'installation est identique à celui du modem-routeur, le téléphone et la télévision devant se raccorder par câble sur la box. Les "box" ne sont compatibles qu'avec le fournisseur qui les commercialise.

Derrière la Freebox, pionnière du genre, de nombreux fournisseurs d'accès ont lancé une offre.

Pour l'installation des modems "box", vous ferez appel à la hotline (service d'assistance par téléphone) du fournisseur d'accès, gratuite ou payante selon les cas. Les box sont proposées à l'achat ou à la location.

Modem, routeur et box

Le modem-carte s'enfiche sur la carte mère.

Le modem externe se relie à l'unité centrale en général en USB.

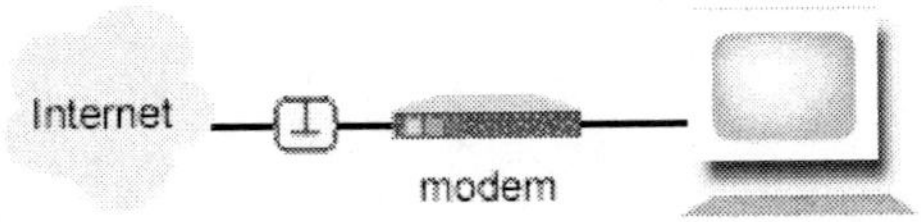

Le modem relie votre ordinateur à une prise téléphonique ou à l'arrivée du câble.

NOTES PERSONNELLES

Partie 2

DÉCOUVERTE DE L'ENVIRONNEMENT

Démarrer Windows 7

Lorsque vous démarrez votre micro-ordinateur, les utilisateurs de votre ordinateur apparaissent par défaut sous forme d'icônes.

*L'éventuel message **Session ouverte** situé sous le nom de l'utilisateur signale qu'il y a déjà une session en cours pour cet utilisateur.*

- Cliquez sur votre **nom d'utilisateur**.

  Précisez éventuellement votre **Mot de passe** pour ouvrir une session de travail puis validez par la touche Entrée, ou cliquez sur le bouton .

  Si le mot de passe est erroné, Windows vous le signale. Dans ce cas, cliquez sur le bouton **OK**.

- *Notez désormais la présence du texte que vous avez pu saisir comme indicateur de mot de passe, lors de la création de celui-ci, qui vous aide à vous souvenir de votre mot de passe.*

  Saisissez le mot de passe correct puis cliquez sur le bouton ou appuyez sur la touche Entrée pour valider la saisie.

  L'espace de travail, appelé aussi le Bureau, apparaît à l'écran.

Démarrer Windows 7

Windows 7 est un sytème multi-utilisateurs, de ce fait, plusieurs "profils" (utilisateurs) peuvent être proposés. Dans notre exemple, deux utilisateurs ont été créés.

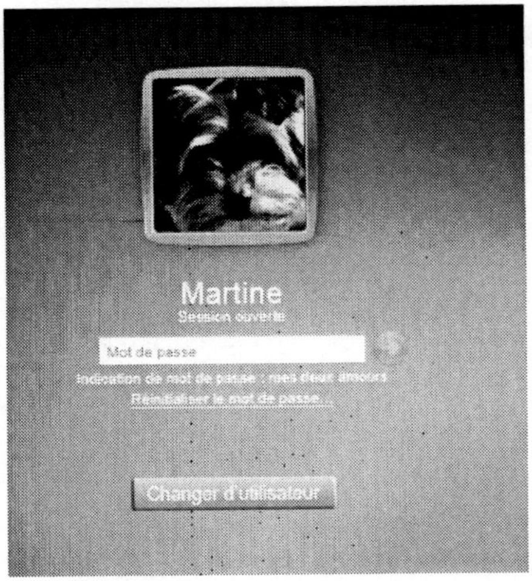

Le lien **Réinitialiser le mot de passe** permet, en cas de perte de votre mot de passe, de démarrer votre session à l'aide de sa sauvegarde.

Ouvrir ou activer une nouvelle session

Si plusieurs personnes ont accès au même ordinateur, lorsque vous travaillez dans votre session, un autre utilisateur peut accéder à ses propres données sans que vous soyez obligé de fermer les fichiers sur lesquels vous êtes en train de travailler : il lui suffit d'ouvrir sa session.

Cliquez sur le bouton **Démarrer** de la barre des tâches, puis cliquez sur la flèche située à droite du bouton **Arrêter** afin d'ouvrir le menu qui lui est associé.

Cliquez sur l'option **Fermer la session** si vous souhaitez ouvrir une nouvelle session et fermer la session en cours ou cliquez sur l'option **Changer d'utilisateur** pour ouvrir une nouvelle session sans fermer la session en cours.

À partir de la page d'accueil de Windows 7, cliquez sur le nom de l'utilisateur pour lequel vous souhaitez ouvrir ou activer la session (si la session est déjà ouverte, elle est en "attente" en arrière-plan).

Précisez, éventuellement, votre mot de passe puis cliquez sur le bouton .

Sachez que chaque session ouverte sollicite la mémoire de votre ordinateur. Dans le cas où celle-ci serait limitée, il est préférable de fermer la session en cours avant d'en ouvrir une autre.

Le raccourci-clavier ⊞ **L** vous permet de changer d'utilisateur rapidement.

Fermer une session Windows 7

Pour chaque utilisateur connecté, une session est ouverte. Le fait de fermer une session a pour but de fermer tous les fichiers et applications ouverts par cet utilisateur.

Enregistrez, si besoin est, toutes les modifications apportées aux fichiers ouverts.

Cliquez sur le bouton **Démarrer**, ouvrez le menu en cliquant sur la flèche située à droite du bouton **Arrêter**, puis cliquez sur l'option **Fermer la session**.

Windows ferme alors toutes les applications ouvertes et contrôle le dernier enregistrement des fichiers ouverts. Si vous n'avez pas enregistré les dernières modifications apportées à vos fichiers, Windows vous propose de le faire, dans ce cas, vous pouvez cliquer sur le bouton **Annuler** pour fermer vous-même les éléments bloquants, ou cliquer sur le bouton **Forcer la déconnexion** pour que Windows ferme l'application et le fichier restés ouverts puis ferme la session.

Si vous avez cliqué sur le bouton **Forcer la déconnexion**, un nouveau message vous rappelle le risque de perdre les données qui n'auraient pas été enregistrées au préalable, et ce message vous demande de confirmer ou non la déconnexion de Windows. Dans ce cas, cliquez sur le bouton **Oui** ou **Non** selon votre souhait.

Ouvrir ou activer une nouvelle session

Fermer une session Windows 7

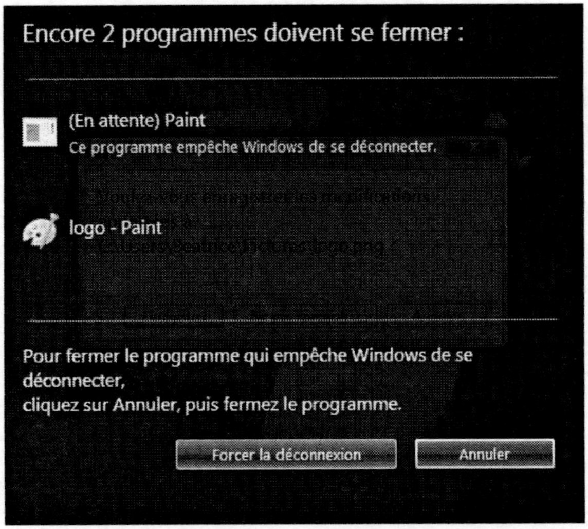

Le message **Ce programme empêche Windows de se déconnecter** est associé au programme bloquant la fermeture de session.

Découvrir le Bureau

La présentation et le contenu du Bureau peuvent être personnalisés, et donc différer d'un utilisateur à l'autre.

Vous y trouverez cependant ces quelques éléments :

La barre des tâches facilite l'accès à chacune des tâches, c'est-à-dire à chaque application active ou épinglée. Au démarrage du PC, elle contient généralement un bouton **Démarrer** qui permet de faire apparaître le menu principal de Windows ; apparaissent ensuite les icônes des applications ou dossiers "épinglés", il s'agit là d'un moyen rapide pour ouvrir ces éléments. Enfin, elle affiche à droite la **Zone de notification** : celle-ci contient la date et l'heure ainsi que certaines icônes vous signalant tel ou tel événement, comme par exemple la réception d'un message électronique. Pour ne pas trop empiéter sur la barre des tâches, diverses notifications peuvent être regroupées dans un menu affichable à l'aide d'une petite flèche.

Un clic sur le bouton **Afficher le Bureau** situé à l'extrémité droite de la barre des tâches permet comme son nom l'indique d'afficher le Bureau en réduisant instantanément les éventuelles fenêtres qui s'y trouvaient. Pointer ce bouton permet d'afficher le Bureau momentanément. Cette dernière fonctionnalité n'est possible que si l'option **Utiliser Aero Peek pour afficher un aperçu du Bureau** est cochée.

Différents **Objets** symbolisés par des icônes peuvent être visibles sur le bureau ; par défaut seule la **Corbeille** apparaît :

- la **Corbeille** est un emplacement réservé à la suppression de fichiers. Par défaut, lorsque vous supprimez des fichiers, ils sont transférés dans la corbeille. Cela vous permet de récupérer des fichiers supprimés si nécessaire.
- d'autres objets, tels des raccourcis permettant d'accéder rapidement à des applications ou des fichiers, peuvent apparaître aussi sur le Bureau.

Un clic sur l'heure ouvre une boîte de dialogue vous permettant de modifier la date ou l'heure système et le fuseau horaire correspondant à votre pays.

Pour modifier l'arrière-plan du Bureau, cliquez sur le bouton **Démarrer** puis sur **Panneau de configuration - Apparence et personnalisation - Personnalisation** - lien **Arrière-plan du Bureau**. Choisissez l'image souhaitée puis validez par **Enregistrer les modifications**.

Découvrir le Bureau

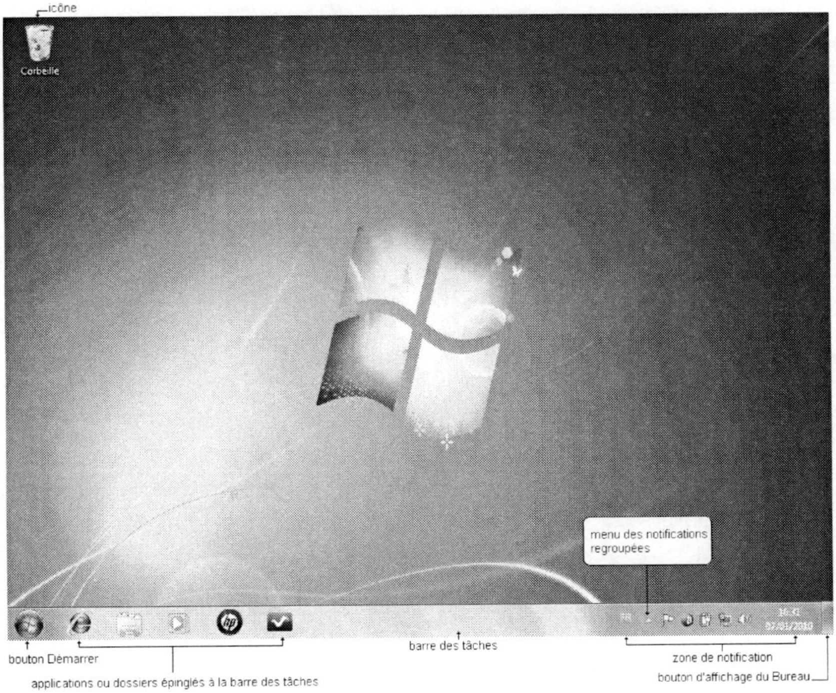

Gérer les gadgets Windows

Les gadgets sont des petites applications accessibles directement à partir du Bureau Windows. La bibliothèque de gadgets de Windows 7 vous propose neuf gadgets par défaut, mais vous pouvez en télécharger des centaines sur le site Windows Live Gallery.

Pour découvrir la bibliothèque des gadgets faites un clic droit sur le Bureau, puis cliquez sur l'option **Gadgets**.

- Pour sélectionner un gadget, cliquez sur son icône.

  Pour **Afficher les détails** du gadget sélectionné, cliquez sur le lien du même nom.

  Un petit descriptif du gadget sélectionné apparaît aussitôt en bas de la fenêtre.

  Pour ajouter un gadget sur le Bureau, à partir de la Bibliothèque, faites un clic droit sur le gadget concerné puis cliquez sur l'option **Ajouter**.

  Vous pouvez aussi faire un double clic sur le gadget, ou bien le faire glisser directement sur le Bureau à l'aide d'un cliqué-glissé.

  Pour supprimer un gadget de la Bibliothèque, faites un clic droit sur le gadget concerné puis cliquez sur l'option **Désinstaller**. Puis confirmez votre choix en cliquant sur le bouton **Désinstaller**.

- Pour afficher les boutons d'actions d'un gadget qui a été placé sur le Bureau, pointez (sans cliquer) le gadget concerné.

  Pour supprimer un gadget du Bureau, faites un clic droit sur le gadget concerné, puis cliquez sur l'option **Fermer le gadget**. Le gadget est ainsi supprimé du Bureau mais pas de la bibliothèque.

  Vous pouvez aussi afficher ses boutons d'actions en le pointant puis cliquer sur la petite croix.

  Pour modifier les options d'un gadget, faites un clic droit sur le gadget situé sur le Bureau, puis cliquez sur **Options**.

  Vous pouvez aussi cliquer sur le bouton qui lui est associé.

  Tous les gadgets ne sont pas paramétrables, dans ce cas, cette option n'apparaît pas.

Gérer les gadgets Windows

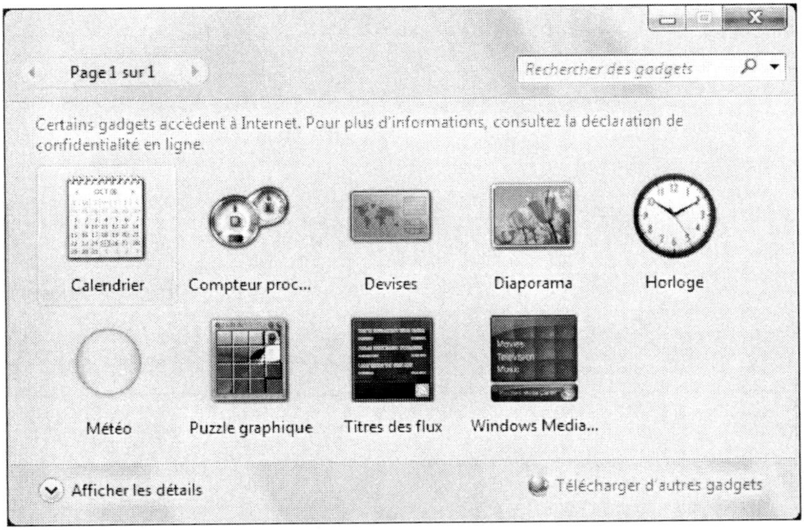

Par défaut, la bibliothèque contient 9 gadgets.

Ici, les boutons d'actions du gadget météo sont affichés.

Pour télécharger de nouveaux gadgets, affichez la bibliothèque des gadgets par un clic droit sur le Bureau puis en cliquant sur l'option **Gadgets**.

Cliquez sur le lien **Télécharger d'autres gadgets**.

Votre navigateur défini par défaut s'ouvre et affiche la page d'un site Microsoft à partir de laquelle vous pouvez télécharger des gadgets pour Windows 7.

Cliquez sur le bouton **Télécharger** associé au gadget souhaité.

Selon l'origine du gadget, un message d'avertissement peut vous informer des risques encourus par le téléchargement de fichier émanant d'un tiers.

Si vous faites confiance à ce tiers, cliquez sur le bouton **Installer**. Dans le cas contraire ou en cas de doute, cliquez sur le bouton **Ne pas installer**.

Si vous avez cliqué sur **Installer**, cliquez ensuite sur le bouton **Enregistrer** puis poursuivez le téléchargement en suivant la procédure habituelle.

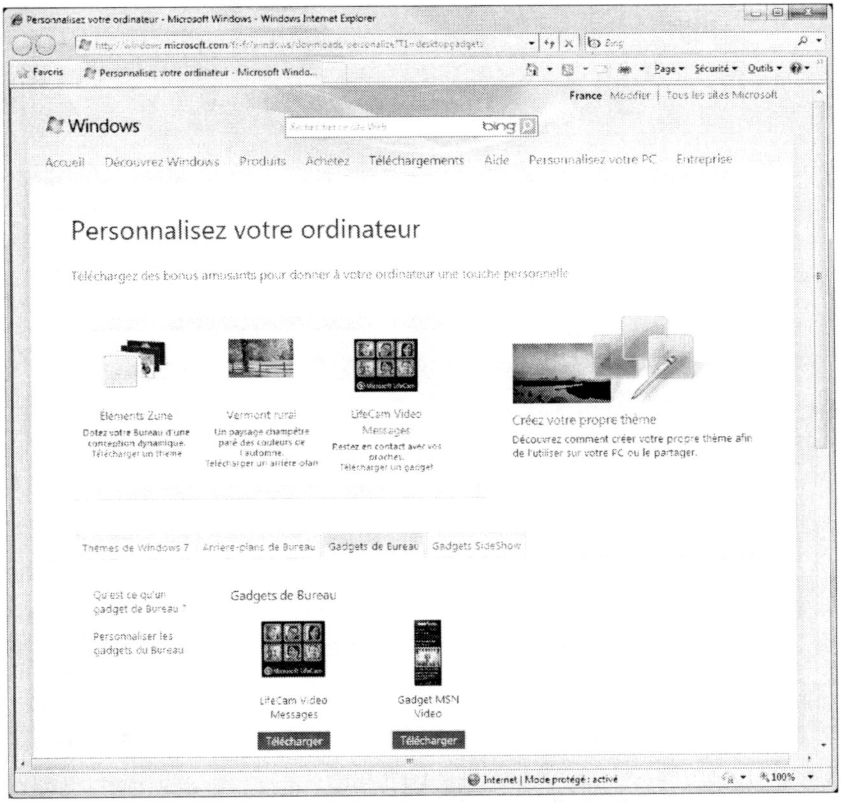

Les gadgets disponibles apparaissent dans l'onglet **Gadgets de Bureau**.

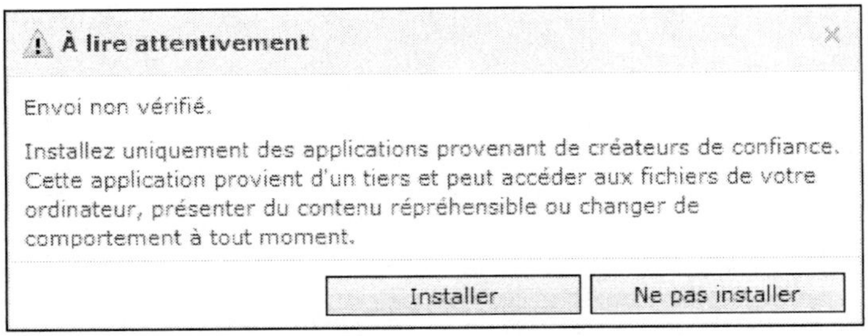

Découvrir le menu Démarrer

Pour afficher le menu principal de Windows 7, appelé aussi menu **Démarrer**, cliquez sur le bouton ou appuyez sur la touche de votre clavier (ou tapez Ctrl Echap).

Si la reconnaissance vocale est activée, vous pouvez dire à haute voix : **Démarrer**.

Lorsque vous déplacez le pointeur de la souris sur une option ou un menu, nous dirons que vous "pointez" l'option ou le menu.

Le volet droit du menu principal de Windows 7 contient :

- Le nom de l'utilisateur apparaît en début de liste. En cliquant sur le nom de l'utilisateur, tous les dossiers appartenant à cet utilisateur (dossier personnel) apparaissent dans une fenêtre Explorateur.
- L'option **Documents** ouvre la fenêtre du même nom qui contient les fichiers (lettre, rapports, etc.) de l'utilisateur actif, classés dans différents dossiers.
- Les options **Images** et **Musique** affichent directement le contenu des dossiers correspondants.
- L'option **Jeux** ouvre le dossier de même nom vous donnant accès aux jeux fournis avec Windows 7.
- L'option **Ordinateur** vous donne accès à tous les emplacements de stockage de votre ordinateur.
- L'option **Panneau de configuration** ouvre la fenêtre du même nom et vous permet ainsi de configurer votre environnement de travail.
- L'option **Périphériques et imprimantes** est un raccourci vers la fenêtre de même nom à partir de laquelle vous pouvez visualiser/paramétrer/modifier les équipements attachés à votre ordinateur (clavier, souris, imprimantes, webcam, etc.).
- L'option **Programmes par défaut** ouvre la fenêtre à partir de laquelle vous pouvez sélectionner le programme que Windows doit utiliser par défaut pour telle ou telle tâche.
- L'option **Aide et support** permet d'accéder à l'aide de Windows 7 et à son assistance.
- Le bouton **Arrêter** permet d'arrêter (d'éteindre) l'ordinateur.

Découvrir le menu Démarrer

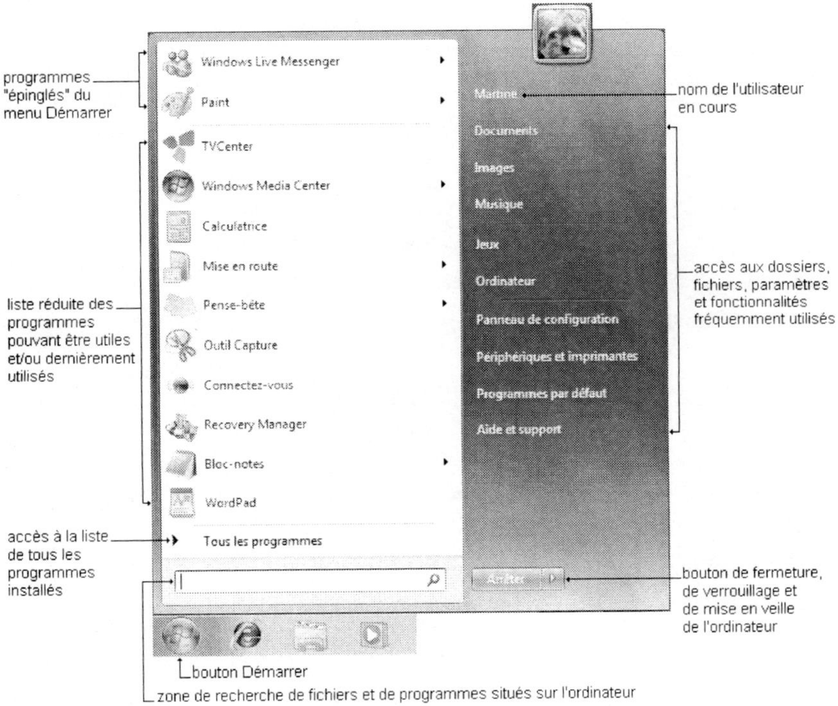

Les options dont le nom est suivi d'un triangle donnent accès à des sous-menus (exemple **Mise en route**) ou à des fichiers dernièrement exploités (exemple **Bloc-notes**).

La flèche [▷] située à droite du bouton **Arrêter** donne accès à des options supplémentaires.

Changer d'utilisateur : cette option permet à un autre utilisateur d'ouvrir sa propre session, sans que la vôtre soit fermée, et de ce fait vos programmes et fichiers resteront ouverts.

Par mesure de sécurité, nous vous conseillons malgré tout d'enregistrer les fichiers ouverts avant de changer d'utilisateur, car si un autre utilisateur venait à fermer l'ordinateur, les modifications que vous auriez apportées à vos fichiers pourraient être perdues.

Fermer la session : cette fonction ferme tous les programmes en cours d'utilisation mais l'ordinateur ne s'éteint pas.

Verrouiller : si vous verrouillez l'ordinateur, vous seul (ou l'administrateur) serez habilité à le déverrouiller.

Redémarrer : cette manipulation s'avère nécessaire à la suite de l'installation ou de la mise à jour d'une application.

Mettre en veille : ce mode permet une économie d'énergie ; lorsque vous l'activez, l'état des documents et programmes ouverts est enregistré. Pour réactiver l'ordinateur, il suffit souvent d'appuyer sur une touche, ce qui s'avère rapide. Votre ordinateur peut (selon son paramétrage) se mettre en mode veille au bout d'une période d'inactivité. Ce mode est conseillé lorsque vous prévoyez de ne pas utiliser votre ordinateur pendant quelques heures.

Mettre en veille prolongée : ce mode enregistre vos documents et programmes ouverts sur votre disque dur puis éteint l'ordinateur. En terme d'économie d'énergie, c'est le mode le plus efficace utilisé par Windows.

Pour refermer le menu **Démarrer** sans exécuter d'option, cliquez n'importe où sur le Bureau ou appuyez sur la touche [Echap].

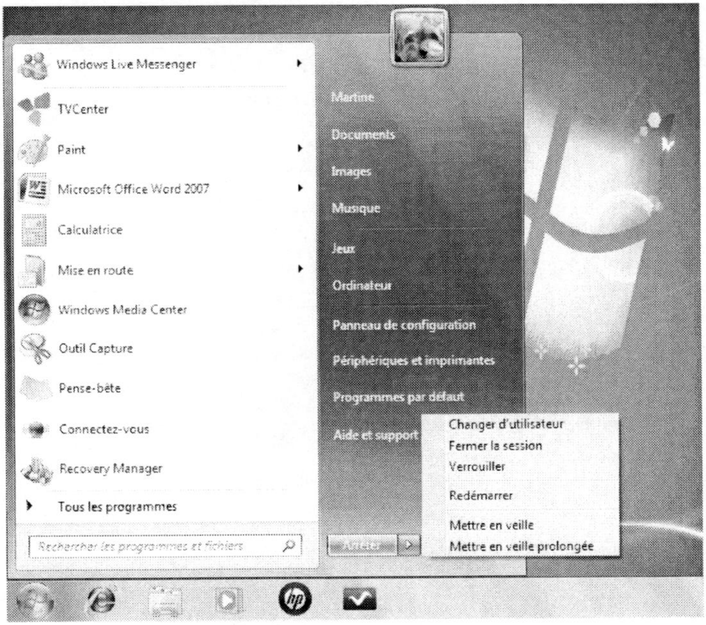

Si l'option **Mettre en veille** n'apparaît pas, il est probable que votre ordinateur ne prenne pas en charge ce mode.

Accéder à la liste de tous les programmes

Si vous souhaitez lancer un programme installé sur votre ordinateur et qu'il n'apparaît pas dans la liste réduite du menu Démarrer, cliquez sur l'option **Tous les programmes** située en bas du volet gauche du menu **Démarrer**.

*Par défaut Windows 7 intègre des applications fort utiles, dont certaines sont regroupées dans le menu **Accessoires**.*

Les dossiers contenant des programmes sont précédés de cette icône  .

Pour afficher la liste des programmes contenus dans un dossier, cliquez sur son nom.

Pour fermer la liste **Tous les programmes** et revenir au menu **Démarrer** précédent, cliquez sur le bouton **Précédent** situé en bas du menu.

Pour lancer un programme, cliquez sur son nom. Le menu **Démarrer** se ferme alors automatiquement.

Accéder à la liste de tous les programmes

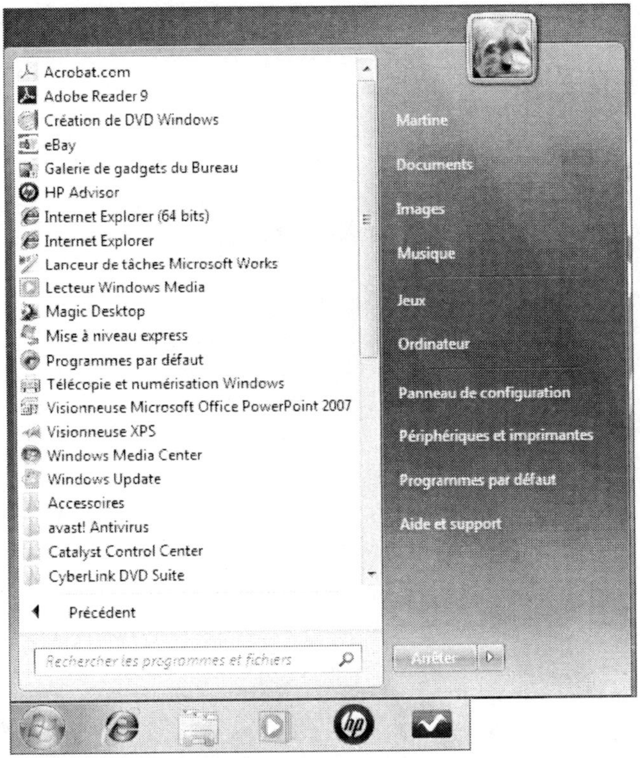

La liste de tous les programmes classés par ordre alphabétique, suivie d'une liste de dossiers apparaît dans la partie gauche du menu **Démarrer**.

Ouvrir une application (lancer un programme)

Cliquez sur le bouton **Démarrer** pour ouvrir le menu principal de Windows 7 puis cliquez, si besoin est, sur l'option **Tous les programmes**.

Si le programme est situé dans un dossier, cliquez, sur le nom du dossier pour l'ouvrir.

Cliquez ensuite sur le nom de l'application à ouvrir.

Si la reconnaissance est activée (cf. Reconnaissance vocale), vous pouvez dire à haute voix **démarrer "nom de l'application"** (ex : **démarrer WordPad**) ou **ouvrir "nom de l'application"**.

Si un raccourci existe sur le Bureau, un double clic dessus lance l'application correspondante. Lorsqu'une application est ouverte, le bouton correspondant apparaît dans la barre des tâches. Un clic sur ce bouton permet d'afficher la fenêtre de l'application correspondante.

Quitter une application

Il s'agit de refermer la fenêtre de l'application : **Fichier - Quitter** ou X ou Alt F4

Si la reconnaissance vocale est activée, vous pouvez fermer la fenêtre active en disant à haute voix **Fermer cela**, ou **Fermer "nom de l'application"** (ex : **fermer Excel**).

Si la fenêtre de l'application est réduite (c'est-à-dire qu'elle n'apparaît que sous forme de bouton sur la barre des tâches), cliquez avec le bouton droit sur le bouton correspondant puis cliquez sur l'option ***Fermer la fenêtre****.*

Si un document de l'application n'a pas été enregistré, Windows vous propose de le faire avant de fermer la fenêtre.

Dans ce cas, cliquez sur le bouton **Enregistrer** pour enregistrer le document, sur le bouton **Ne pas enregistrer** pour quitter l'application sans enregistrer les dernières modifications effectuées ou sur le bouton **Annuler** pour annuler la commande (l'application et le document ne seront pas refermés).

Ouvrir une application (lancer un programme)

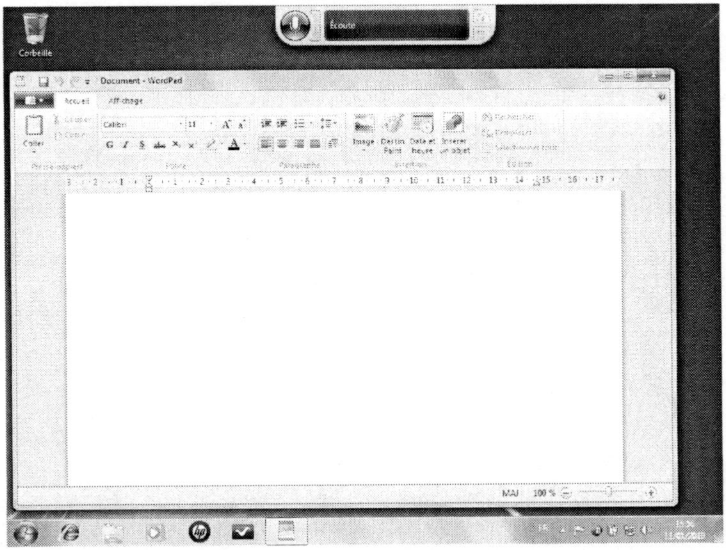

Vous découvrez l'élément fondamental de Windows : la fenêtre. Notez que le bouton correspondant à l'application ouverte (ici, il s'agit de WordPad) apparaît dans la barre des tâches.

Quitter une application

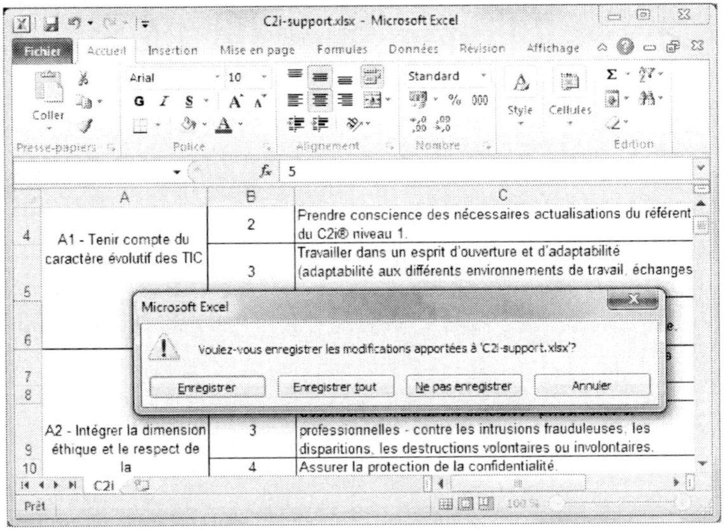

Selon l'application, le bouton de fermeture peut prendre un aspect différent ; cependant, il contient toujours une croix.

Description des fenêtres

Fenêtre classique d'application

Chaque fenêtre possède les éléments suivants :

- L'icône du menu **Système** (a) permet de gérer la taille, la position de la fenêtre ou encore sa fermeture.
- Une **barre de titre** (b) rappelant le nom du fichier actif (ici, **Sans titre** car aucun document n'est ouvert) suivi du nom de l'application.
- Les boutons **Réduire** (c) et **Agrandir** (d) permettent de réduire ou d'agrandir la taille de la fenêtre.
- Le bouton **Fermer** (e) permet de fermer la fenêtre et donc de quitter l'application.
- La **barre de menus** (f) contient les différents menus de l'application.

Notez cependant que les applications Microsoft Office 2007 (et versions suivantes) ne possèdent plus de barre de menus. L'ensemble des fonctions est regroupé dans différents onglets.

- Les **barres et flèches de défilement** (g) permettent de faire défiler le contenu de la fenêtre (ici, ces éléments ne sont pas disponibles car la fenêtre est vide).

Fenêtre avec barre d'adresses

Certaines fenêtres Windows disposent d'une barre d'adresses (exemples : les fenêtres de recherche et de configuration du système).

Pour revenir à un niveau précédent, cliquez sur le lien correspondant. Pour revenir à la page précédente, vous pouvez cliquer sur le bouton .

Le symbole « remplace les premières étapes si la barre n'est pas suffisamment large pour afficher le nom de toutes les étapes :

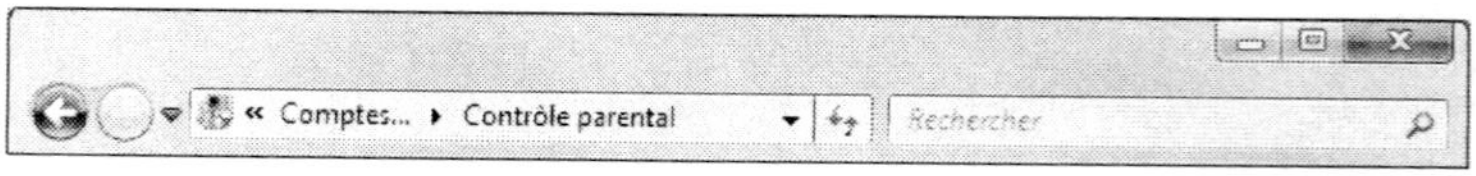

Dans ce cas, agrandissez la fenêtre pour afficher l'intégralité du chemin correspondant à votre emplacement actuel.

Pour accéder à un sous-dossier d'un emplacement visible dans la barre d'adresses, cliquez sur la flèche à droite du lien correspondant, ou sur le symbole « selon le cas.

L'emplacement actif apparaît en caractères gras.

Cliquez sur l'emplacement recherché.

Description des fenêtres

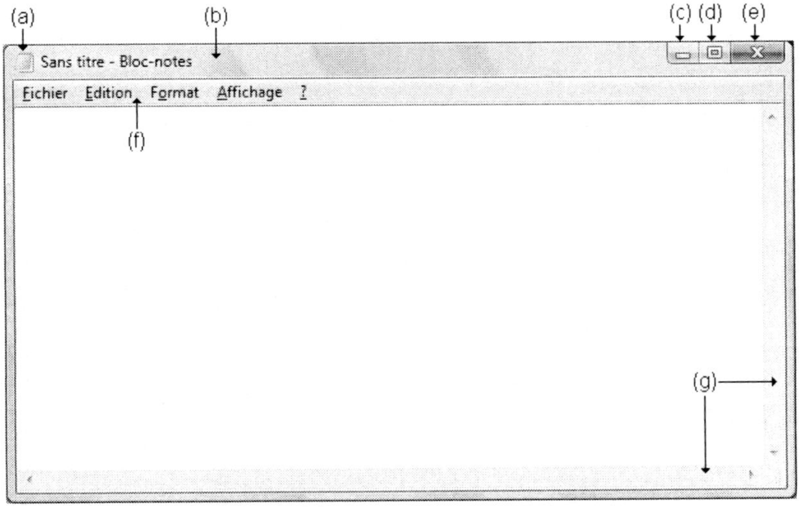

Les barres de défilement sont grisées car la fenêtre est vide.

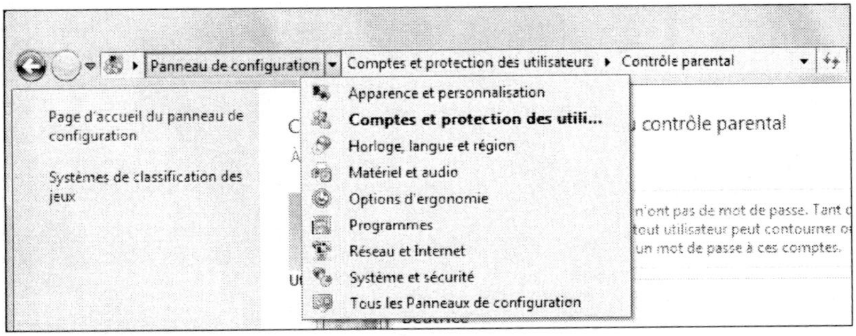

La barre d'adresses affiche précisément votre emplacement actuel sous forme de liens séparés par des triangles. Ces liens représentent le chemin d'accès.

Modifier les dimensions d'une fenêtre

Pour déplacer une fenêtre, pointez la barre de titre, puis faites un cliqué-glissé de façon à déplacer le pourtour grisé représentant la fenêtre vers la position à atteindre, puis relâchez la souris.

Si vous déplacez la fenêtre sur l'un des bords de l'écran, celle-ci se redimensionne automatiquement pour prendre la moitié de l'écran s'il s'agit du bord droit ou gauche, ou tout l'écran s'il s'agit du bord supérieur de votre écran.

Pour agrandir la fenêtre au maximum et l'afficher en plein écran, cliquez sur ▭ (ou ⊞ ↑).

➘ Pour redonner à la fenêtre sa taille précédente, cliquez sur ▭.

Pour modifier la largeur ou la hauteur d'une fenêtre, pointez le bord correspondant de la fenêtre, pour modifier la largeur et la hauteur, pointez le coin inférieur droit de la fenêtre (le pointeur de la souris se transforme en flèche à deux têtes).

Cliquez et faites glisser la souris de façon à délimiter le nouveau pourtour de la fenêtre ; relâchez ensuite la souris.

Pour réduire la fenêtre au minimum tout en conservant l'application active, cliquez sur le bouton ▭ ou cliquez, dans la barre des tâches, sur le bouton correspondant à la fenêtre (ou ⊞ ↓).

Pour activer une des fenêtres de la barre des tâches, il suffit de cliquer sur le bouton.

La fenêtre retrouve sa taille précédente et apparaît au premier plan.

Si la reconnaissance vocale est active, **Réduire cela** masque la fenêtre active et **Afficher le Bureau** réduit toutes les fenêtres (sans fermer les applications).

Modifier les dimensions d'une fenêtre

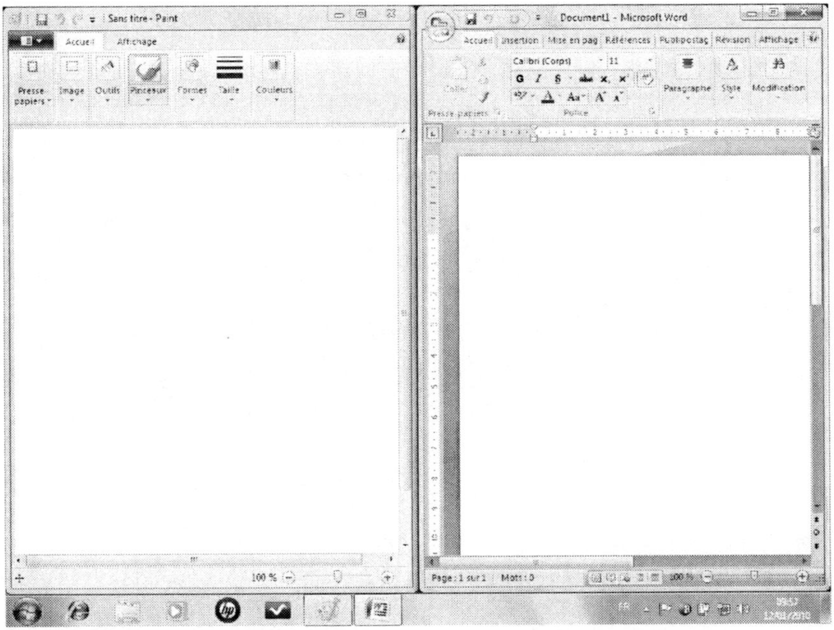

Le bouton de fermeture de la fenêtre active apparaît en rouge.

Accéder à une fenêtre ouverte/fermer une fenêtre

Quand plusieurs fenêtres se superposent, seul le bouton de fermeture [X] *de la fenêtre active est rouge.*

Pour accéder à une fenêtre et rendre ainsi l'application active, il existe plusieurs méthodes. Vous pouvez cliquer dans la fenêtre (si celle-ci est visible).

Si Windows Aero est activé, vous pouvez aussi pointer dans la barre des tâches l'icône du logiciel à utiliser pour identifier une fenêtre ouverte mais inactive.

- Dans ce cas, pointez l'une des miniatures pour afficher momentanément la fenêtre sur le Bureau, ou cliquez sur la miniature pour l'activer.

  Si l'icône du logiciel n'est associée qu'à une seule fenêtre, celle-ci s'active directement suite à un simple clic.

Autre solution, vous pouvez aussi appuyer sur [Alt][⇄] pour afficher dans un cadre les applications ouvertes sous forme de miniatures.

- Puis, tout en maintenant la touche [Alt] enfoncée, cliquez sur la touche [⇄] jusqu'à ce que l'icône correspondant à la fenêtre à activer soit encadrée. Relâchez les touches pour ouvrir la fenêtre ainsi sélectionnée.

  Pour maintenir la fenêtre des miniatures ouverte, vous pouvez utiliser le raccourci-clavier [Ctrl] [⊞] [⇄]. La touche [Echap] ferme cette fenêtre sans basculer vers une application.

Accéder à une fenêtre ouverte/fermer une fenêtre

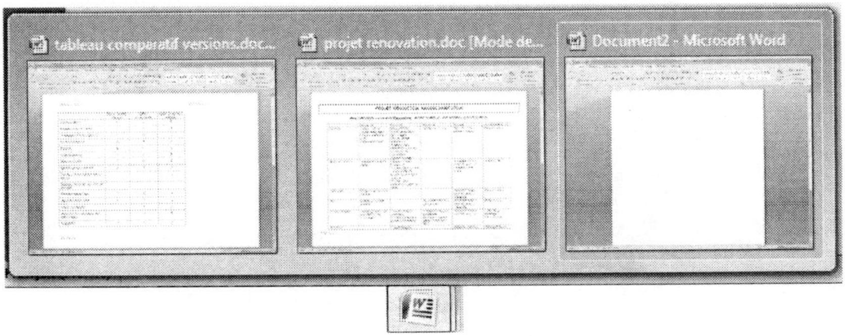

Par défaut, lorsque plusieurs documents sont ouverts par une même application (c'est le cas ici) les icônes semblent « empilés ».

Les applications ouvertes s'affichent sous forme de miniatures et le nom de l'application sélectionnée s'affiche au-dessous des miniatures.

Et enfin, la dernière méthode, vous pouvez accéder à une fenêtre active à l'aide de la bascule 3D Windows. Pour cela, appuyez simultanément sur la touche ⊞ et ⇆ afin de l'ouvrir.

- Lorsque la bascule 3D Windows est active, tout en maintenant la touche ⊞ enfoncée, cliquez sur la touche :

⇆	pour faire défiler les fenêtres ouvertes
→ ou ↓	pour afficher la fenêtre suivante
← ou ↑	pour afficher la fenêtre précédente

Relâchez la touche ⊞ pour afficher la première fenêtre de la pile.

Vous pouvez aussi cliquer sur la fenêtre de votre choix pour l'activer.

Si la reconnaissance vocale est active, vous pouvez dire à haute voix **basculer vers "nom du programme"** pour basculer vers cette application.

La fenêtre active apparaît au premier plan.

Pour fermer une fenêtre, cliquez sur le bouton ✕ ou Alt F4 ou **Fichier - Quitter** s'il s'agit de la fenêtre d'une application. S'il s'agit d'une fenêtre de fichier, vous pouvez utiliser le menu **Fichier - Fermer**.

Fermer une fenêtre d'application revient à quitter l'application.

Si la reconnaissance vocale est active, **Fermer cela** ou **Fermer "nom de l'application"** ferme la fenêtre active et par conséquent l'application ou le document concerné.

Enregistrez si besoin est, les dernières modifications apportées au fichier que vous souhaitez fermer.

Corbeille

Organiser automatiquement les fenêtres

Pour modifier la disposition des fenêtres, cliquez avec le bouton droit sur une zone vide de la barre des tâches afin de faire apparaître le menu associé à la barre.

Choisissez une des options suivantes :

Cascade	Pour superposer les fenêtres.
Afficher les fenêtres empilées	Pour disposer les fenêtres les unes en dessous des autres.
Afficher les fenêtres côte à côte	Pour disposer les fenêtres les unes à côté des autres.

Pour réduire (masquer) toutes les fenêtres, cliquez avec le bouton droit de la souris sur une zone vide de la barre des tâches puis cliquez sur l'option **Afficher le Bureau**.

Vous pouvez aussi cliquer sur le bouton ***Afficher le Bureau*** *situé à l'extrémité droite de la barre des tâches.*

Si la reconnaissance vocale est active, vous pouvez dire à haute voix **Afficher le Bureau** pour réduire toutes les fenêtres.

Pour afficher de nouveau toutes les fenêtres (réduites auparavant par l'option **Afficher le Bureau**), cliquez avec le bouton droit de la souris sur une zone vide de la barre des tâches puis cliquez sur l'option **Afficher les fenêtres ouvertes** ou **Annuler Réduire tout**. Vous pouvez aussi cliquer sur le bouton **Afficher le Bureau** .

La fonctionnalité **Aero Shake** intégrée à Windows 7 permet de réduire toutes les fenêtres, sauf la fenêtre active ; pour cela, cliquez sur la barre de titre de la fenêtre à conserver, et tout en maintenant le bouton de la souris enfoncé, "secouez-la".
Renouvelez cette opération pour afficher à nouveau toutes les fenêtres.

Organiser automatiquement les fenêtres

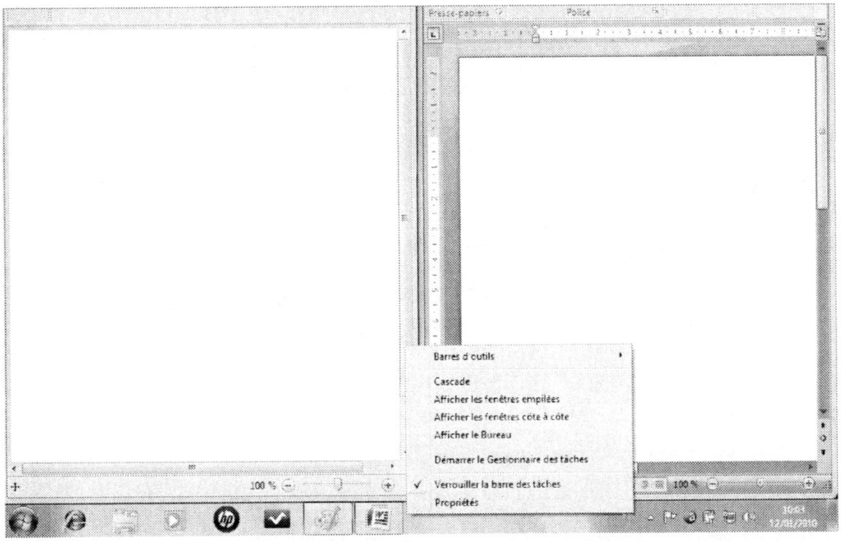

Après avoir choisi l'une de ces options, vous remarquerez que le menu associé à la barre des tâches possède une option **Annuler** qui vous permet d'annuler le dernier mode de disposition sélectionné.

Gérer les menus et options d'une application

Pour ouvrir un menu, cliquez sur le nom du menu à ouvrir.

Les options du menu s'affichent sous forme de liste. La présence de points de suspension à droite de certaines options indique que l'activation de ces options fera apparaître une boîte de dialogue.

Pour ouvrir le sous-menu situé à droite ou à gauche, pointez le nom du menu.

Pour exécuter une option d'un menu, cliquez sur l'option.

Pour fermer un menu sans activer d'option, cliquez n'importe où en dehors du menu.

Pour ouvrir un menu contextuel, c'est-à-dire un menu restreint comportant les options propres à la partie pointée, cliquez avec le bouton droit de la souris à l'endroit souhaité.

Au clavier, pour ouvrir un menu : appuyez sur la touche Alt ou F10 pour activer le premier menu, puis appuyez sur la touche Entrée pour l'ouvrir ou appuyez sur la lettre soulignée du menu.

Pour activer une option de menu, sélectionnez l'option avec les touches →, ←, ↑, ↓ puis appuyez sur Entrée ou bien tapez directement la lettre mnémonique de l'option (sans valider).

Pour fermer un menu sans activer d'option, appuyez sur Entrée deux fois ou sur Alt ou F10 une seule fois.

Les raccourcis-clavier (combinaisons de touches) visibles à droite de certaines options, permettent d'exécuter l'action sans avoir à ouvrir le menu.

Gérer les menus et options d'une application

Si la reconnaissance vocale est active (**Démarrer - Panneau de configuration - Options d'ergonomie - Reconnaissance vocale**), vous pouvez dicter vos instructions.

Pour cliquer sur un élément, dites son **"nom"** (exemple **Fichier**).
Pour cliquer sur un élément dont vous ne connaissez pas le nom (un bouton par exemple), dites **Afficher les numéros** pour que chaque élément de la fenêtre active soit numéroté.

Puis dites le **"numéro"** à activer suivi de **OK** (exemple : **19 OK**).

Gérer les menus et options d'une application

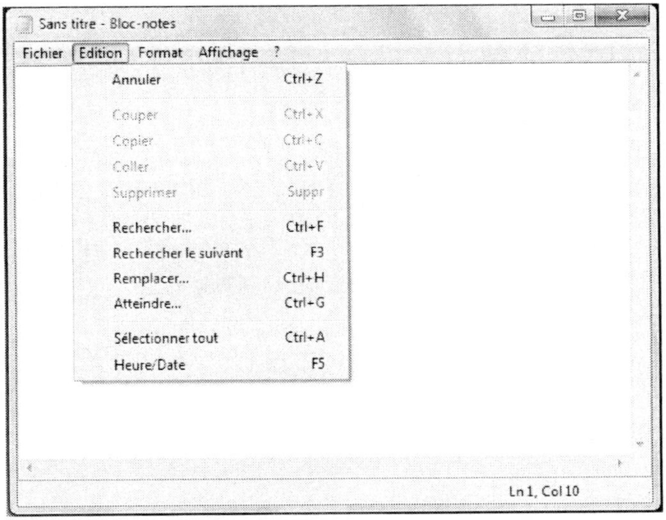

Les options qui apparaissent en gris clair ne sont pas accessibles pour le moment.

Gérer les menus et options d'une application

Les éléments numérotés apparaissent sur fond bleu.

Utiliser les boîtes de dialogue

Chaque boîte de dialogue peut contenir les éléments suivants :

Les **onglets** (a) permettent d'accéder aux différentes pages de la boîte de dialogue.

Les **cases à cocher** (b) : l'option est active si la case contient une coche (lorsqu'elle est grisée, cela signifie qu'elle est inaccessible pour le moment).

Une **zone de saisie** (c) permet de saisir une donnée ; lorsque la donnée est numérique, la zone de saisie peut contenir des **boutons d'incrémentation** (d) sur lesquels vous pouvez cliquer pour augmenter ou diminuer la valeur affichée. Dans une zone de liste traditionnelle, des barres et flèches de défilement permettent, comme dans les fenêtres, de faire défiler le contenu de la liste.

Les **zones de liste** (e) : ici, il s'agit d'une zone de liste déroulante. Pour l'ouvrir et sélectionner une option dans la liste (ou pour fermer la liste), cliquez sur le bouton [▼].

Le bouton **OK** (f) referme la boîte de dialogue en conservant les modifications d'option que vous avez pu effectuer. Le bouton **Annuler** (g) (ou le bouton [X]) referme la boîte de dialogue en annulant les modifications apportées.

Le bouton **Appliquer** peut apparaître dans certaines boîtes de dialogue : il permet d'appliquer les modifications d'option que vous venez de faire, sans refermer la boîte de dialogue.

Les **boutons d'option** symbolisés par des points : l'option active est celle dont le bouton est plein. Dans un même groupe d'options, une seule option peut être active.

Pour accéder à une option, sans la souris utilisez les touches [⇧ Shift][⇄] ou [⇄], sinon appuyez sur [Alt] et sur la lettre mnémonique de l'option (lettre soulignée).

Pour se déplacer à l'intérieur d'un groupe d'options ou d'une liste sans la souris, utilisez [→], [←], [↑] ou [↓].

Pour activer ou désactiver une case à cocher, utilisez la barre d'espacement ou cliquez sur la case.

Pour activer une autre page dans la boîte de dialogue, cliquez sur l'onglet concerné.

Pour obtenir de l'aide sur une des options, cliquez sur le bouton [?], le pointeur de la souris est alors accompagné d'un point d'interrogation ; cliquez ensuite sur l'option pour laquelle vous souhaitez de l'aide.

Pour accéder à l'un des champs de la boîte de dialogue, dites **Afficher les numéros** puis dites **"numéro"** suivi de **OK** (exemple : **Afficher les numéros - 15 - OK**). Pour accéder à un champ ou un formulaire, dites **Accéder au "nom du champ"** (exemple : **Accéder à l'Adresse**).

Utiliser les boîtes de dialogue

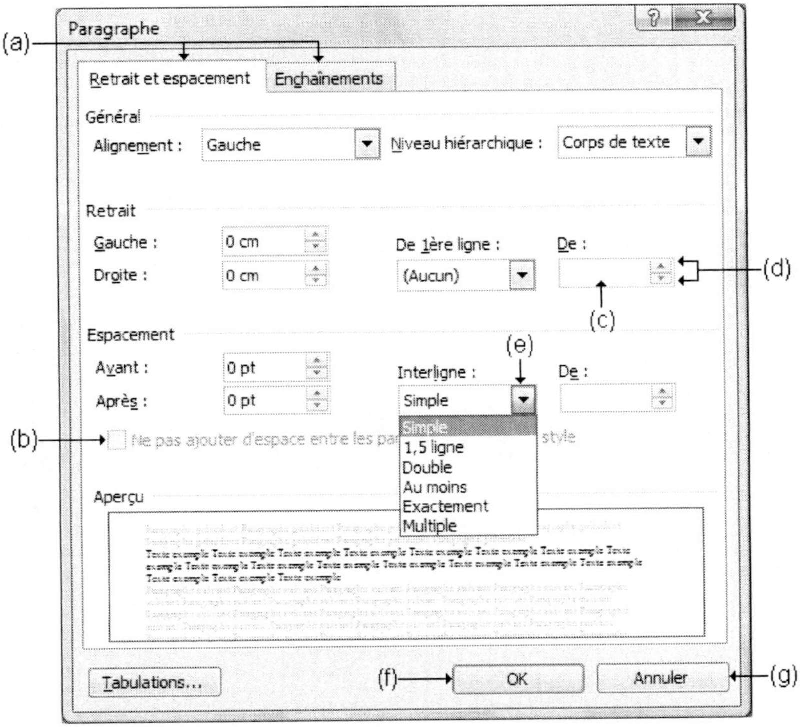

NOTES PERSONNELLES

Partie 3

DÉCOUVERTE DE WORD 2010 ET EXCEL 2010

Découvrir l'écran de travail

La **barre de titre** et des **icônes** (a) : au centre le nom du document actif, suivi du nom de l'application (Microsoft Word). À droite, le bouton **Réduire** permet de réduire la fenêtre au minimum tout en conservant l'application active ; le bouton **Niveau inférieur** permet de réduire la fenêtre de manière à ce qu'elle occupe une partie de l'écran ; dans ce cas, le bouton **Niveau inférieur** disparaît au profit du bouton **Agrandir** qui permet de retrouver le plein écran ; enfin, le bouton **Fermer** permet de fermer l'application Word.

Le **Ruban** (b) comporte la majorité des commandes de l'application. Ces commandes sont regroupées par tâches, chacune de ces tâches étant représentée par un **onglet** (c). Chaque onglet présente plusieurs **groupes de commandes** (d) dans lesquels vous visualisez des **boutons de commande** (e) permettant de réaliser la plupart des manipulations. Certains des groupes présentent un **lanceur de boîte de dialogue** (f) permettant d'afficher une boîte de dialogue ou un volet donnant accès à des options supplémentaires.

La sélection de certains objets, comme une image, un dessin ou encore un tableau, fait apparaître des onglets supplémentaires, appelés onglets contextuels ou onglets d'outils. Ces onglets s'affichent à droite des onglets standard et regroupent les commandes appropriées à l'objet sélectionné.

L'onglet **Fichier** (g) donne accès aux fonctionnalités de base de Word.

La **barre d'outils Accès rapide** (h) contient les outils les plus fréquemment utilisés.

La **règle** (i) permet d'intervenir rapidement sur la présentation d'un texte. Pour afficher/masquer les règles, cliquez sur le bouton visible en haut de la barre de défilement vertical.

La **zone de travail** (j) : il s'agit de l'espace dans lequel les textes seront saisis et mis en forme.

Les **barres** et **curseurs de défilement** (k)/(l) : les curseurs visibles dans les barres de défilement indiquent la position du point d'insertion dans le document et sont utilisés également pour faire défiler le contenu de la fenêtre lorsque vous travaillez sur des textes qui dépassent la hauteur ou la largeur de la fenêtre.

Le bouton **Sélectionner l'objet parcouru** (m) permet de se déplacer dans le document en fonction d'un type d'élément : de champ en champ, de note en note, de tableau en tableau...

La **barre d'état** (n) affiche des informations sur l'environnement de Word. Pour la personnaliser, cliquez dessus avec le bouton droit de la souris puis cliquez sur les options souhaitées pour les activer.

La **barre de sélection** (o) est une colonne située à gauche de la zone de travail. Lorsque le pointeur de la souris est placé à cet endroit, il prend la forme d'une flèche blanche dirigée vers la droite.

Le **mode d'affichage** (p) : cinq boutons indiquent le mode d'affichage du document (Page, Lecture plein écran, Web, Plan, Brouillon) ; le mode d'affichage Page est le mode actif par défaut.

Le curseur **Zoom** (q), les boutons **Zoom arrière** (r) et **Zoom avant** (s) permettent de modifier le zoom d'affichage.

Découvrir l'écran de travail

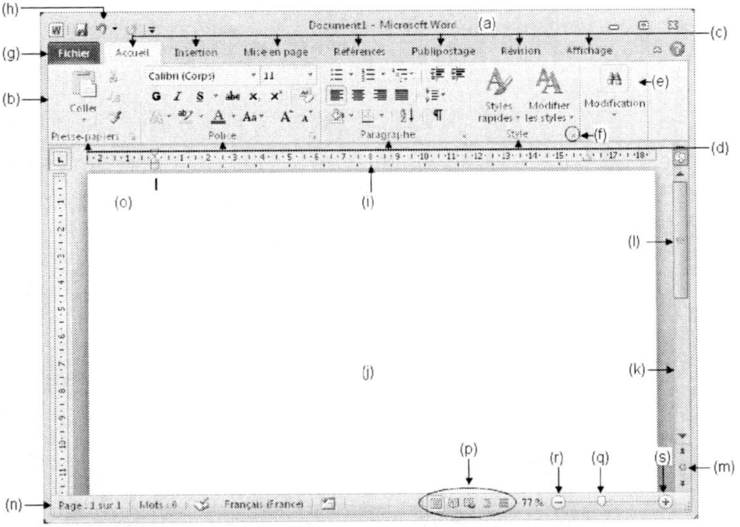

Suivant la résolution de votre écran, la disposition et l'affichage des outils dans le ruban peuvent être différents.

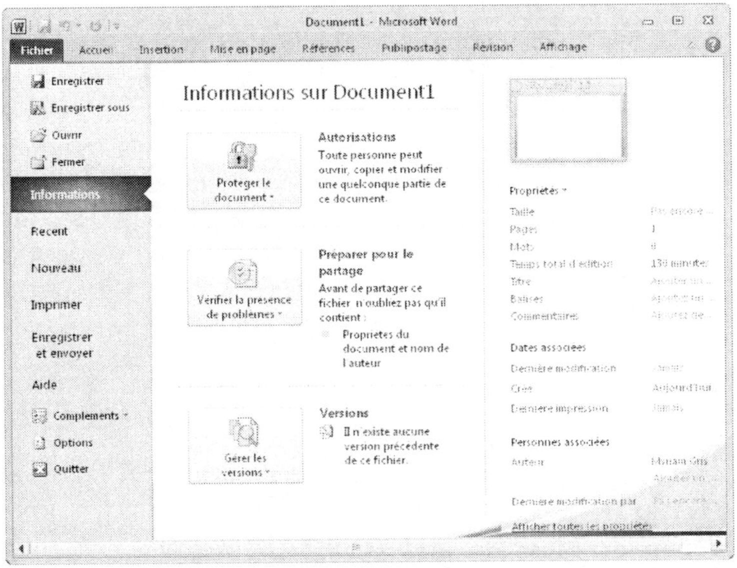

L'onglet **Fichier** donne accès aux fonctionnalités de base (créer un nouveau document, ouvrir, enregistrer et fermer un document, imprimer...) mais aussi à d'autres fonctionnalités comme celle permettant de partager un fichier ou encore celle permettant de paramétrer l'application Word.

Créer un nouveau document

Le document créé peut être vierge ou reprendre le contenu d'un document existant.

Cliquez sur l'onglet **Fichier** puis sur l'option **Nouveau**.

Pour créer un nouveau document vierge, faites un double clic sur le modèle **Document vierge**.

Pour créer un nouveau document basé sur un document existant, cliquez sur **Créer à partir d'un document existant**. Accédez au dossier où se trouve le document. Faites un double clic sur le document concerné ou, sélectionnez-le puis cliquez sur le bouton **Créer**.

*Le contenu du document sélectionné apparaît dans un nouveau document nommé **Documentn**.*

Le raccourci-clavier Ctrl **N** crée un nouveau document vierge.

Créer un document basé sur un modèle

Le nouveau document reprend alors les styles et les éléments du modèle personnalisé ou prédéfini. Si vous disposez d'une connexion Internet, vous pouvez télécharger un modèle proposé sur le site de Microsoft.

Cliquez sur l'onglet **Fichier** puis sur l'option **Nouveau**.

Pour utiliser un modèle créé par vous-même, cliquez sur **Mes modèles**. Dans la boîte de dialogue **Nouveau**, assurez-vous que l'option **Document** du cadre **Créer un nouveau** est active et faites un double clic sur le nom du modèle à utiliser.

Pour utiliser un modèle prédéfini, cliquez sur **Exemples de modèles**. Veillez à ce que l'option **Document**, visible dans le volet droit, soit active et faites un double clic sur l'aperçu du modèle à utiliser.

Pour utiliser un modèle proposé sur le site Web Microsoft Office.com, cliquez sur le dossier correspondant au document à créer dans la zone **Modèles Office.com**. Si des sous-catégories vous sont proposées, cliquez sur le nom du dossier correspondant pour afficher les modèles de la catégorie.

Les modèles correspondant à la catégorie choisie s'affichent dans le volet central de la boîte de dialogue.

Sélectionnez le modèle que vous souhaitez utiliser : son aperçu est visible dans le volet de droite.

Cliquez sur le bouton **Télécharger** ou faites un double clic sur le modèle concerné.

Le contenu du modèle apparaît dans un nouveau document.

Saisissez les informations du nouveau document puis enregistrez-le.

Vous pouvez afficher la liste des derniers modèles utilisés en cliquant sur l'onglet **Fichier** puis sur l'option **Nouveau** et sur **Modèles récents**. Pour créer un document basé sur un de ces modèles, il suffit de faire un double clic sur le nom de celui à utiliser.

Créer un nouveau document

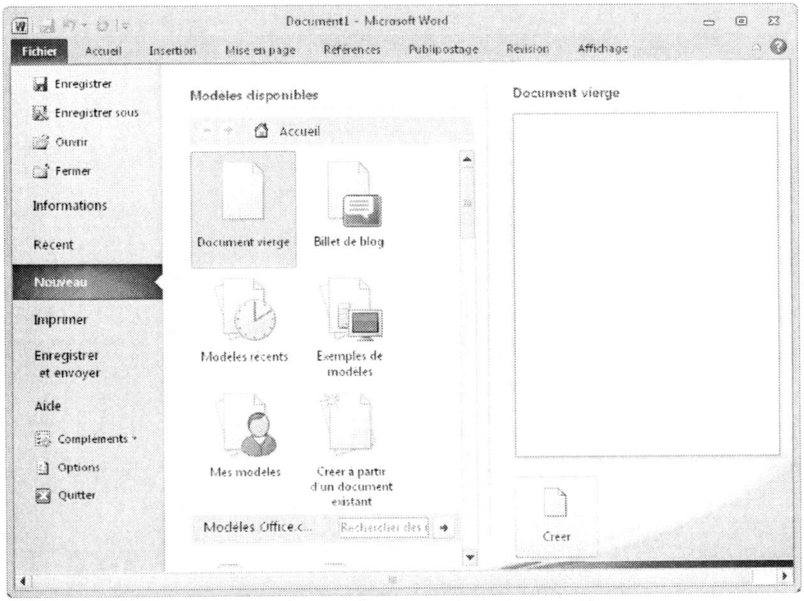

Par défaut, Microsoft Word propose de créer un **Document vierge**.

Créer un document basé sur un modèle

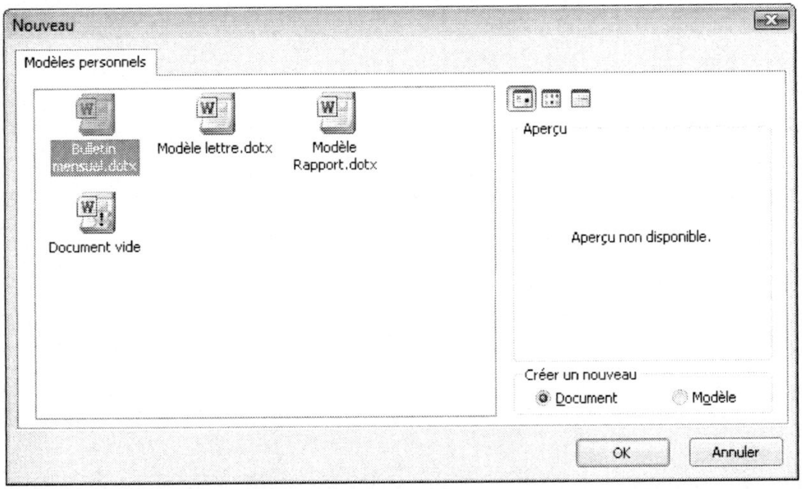

L'onglet **Modèles personnels** affiche les modèles existants dans le dossier **Templates** (C:\Users\nom utilisateur\AppData\Roaming\Microsoft\Templates). Si ce dossier contient des sous-dossiers, ils apparaîtront ici sous forme d'onglets.

Saisir du texte

Cliquez dans le texte existant pour positionner le point d'insertion à l'endroit où doit être saisi le texte.

Saisissez le texte "au kilomètre" sans vous soucier des retours à la ligne : lorsque le point d'insertion arrive à la fin d'une ligne, Word le ramène automatiquement au début de la ligne suivante.

Pour saisir du texte en majuscules, appuyez sur la touche [⇪] puis saisissez le texte.

Pour annuler le verrouillage des majuscules, appuyez sur la touche [⇧ Shift] ou à nouveau sur la touche [⇪] selon la version de Windows que vous utilisez, puis continuez la saisie.

Pour saisir un seul caractère en majuscule, maintenez la touche [⇧ Shift] enfoncée puis appuyez sur la touche correspondante.

Pour saisir des valeurs numériques, veillez à ce que le voyant **Num Lock** (ou **Verr Num**) de votre clavier soit allumé (sinon, appuyez sur [Verr num]) puis saisissez les chiffres sur le pavé numérique.

Pour créer un nouveau paragraphe, appuyez sur la touche [Entrée].

Le paragraphe créé possède les mêmes attributs que le paragraphe précédent.

Pour diviser un paragraphe en deux, positionnez le point d'insertion avant le premier caractère du futur paragraphe puis appuyez sur la touche [Entrée].

Pour regrouper deux paragraphes, déplacez le point d'insertion à la fin du premier paragraphe puis appuyez sur la touche [Suppr] afin de supprimer le caractère de validation qui sépare les paragraphes.

➘ Pour ramener le point d'insertion au début de la ligne suivante sans créer de nouveau paragraphe, appuyez sur les touches [⇧ Shift] [Entrée].

Lorsque vous saisissez les premiers caractères de la date du jour, d'un mois ou de certaines formules de politesse, Word peut vous proposer la fin du mot ou de l'expression dans une info-bulle : c'est la saisie **semi-automatique**. Pour accepter la proposition de Word, appuyez sur la touche [Entrée] ou sinon continuez la saisie.

Utiliser la vérification orthographique automatique

Lorsque qu'un texte contient une faute d'orthographe, de grammaire ou est inconnu de Word, il est souligné d'un trait ondulé rouge (faute d'orthographe) ou vert (faute de grammaire). Une icône représentant une croix rouge apparaît sur la barre d'état.

Pour corriger la faute, cliquez avec le bouton droit de la souris sur le mot à corriger ou cliquez sur l'icône de la barre d'état.

Cliquez avec le bouton gauche de la souris sur l'une des propositions de remplacement de la liste.

Pour désactiver la vérification automatique, décochez l'option **Vérifier l'orthographe au cours de la frappe** de la boîte de dialogue **Options Word** (onglet **Fichier** - **Options** - catégorie **Vérification** - zone **Lors de la correction orthographique et grammaticale dans Word**).

Saisir du texte

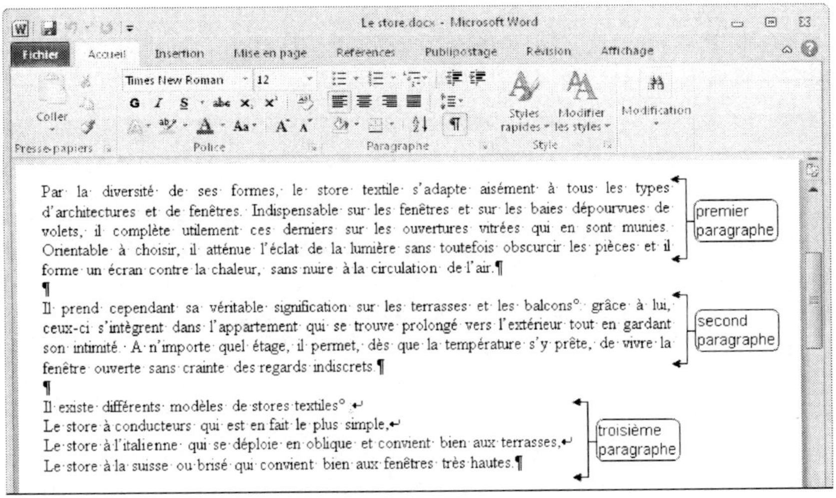

Le troisième paragraphe est composé de lignes de longueur inégale car des ruptures de ligne ont été insérées. En affichage des caractères de mise en forme, une rupture de paragraphe est symbolisée par ¶ et une rupture de ligne par ↵.

Utiliser la vérification orthographique automatique

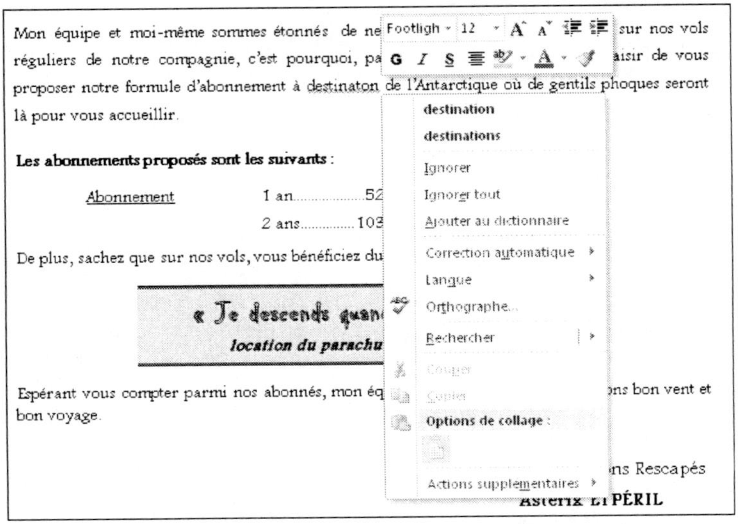

Word propose ici deux solutions de remplacement. Remarquez la mini-barre d'outils qui s'est affichée suite au clic droit sur le mot.

Utiliser les taquets de tabulation

Les taquets de tabulation permettent d'aligner correctement au même niveau plusieurs lignes de texte.

Au besoin, saisissez le texte de début de ligne.

Pour atteindre le taquet suivant, appuyez sur la touche [⇄].

Pour revenir sous le taquet précédent, supprimez le caractère de tabulation en appuyant sur la touche [←].

Si les touches [⇄] ou [←] entraînent l'augmentation ou la diminution du retrait gauche et de première ligne, désactivez l'option **Définir les retraits à gauche et de 1re ligne à l'aide des touches TAB et RET. ARR**. de la boîte de dialogue **Correction automatique** (onglet **Fichier** - **Options** - catégorie **Vérification** - bouton **Options de correction automatique** - onglet **Lors de la frappe**).

Supprimer du texte

Positionnez le point d'insertion à l'endroit où doit être supprimé le texte ou sélectionnez le texte à supprimer (cf. Déplacement/sélection - Sélectionner du texte).

Pour supprimer le caractère précédant le point d'insertion, appuyez sur la touche [←].

Pour supprimer le caractère suivant le point d'insertion, appuyez sur la touche [Suppr].

Pour supprimer le texte sélectionné, appuyez sur la touche [Suppr].

Pour supprimer le mot ou la partie du mot à partir du point d'insertion jusqu'à l'espace précédent ou suivant, faites [Ctrl][←] ou [Ctrl][Suppr].

Utiliser les taquets de tabulation

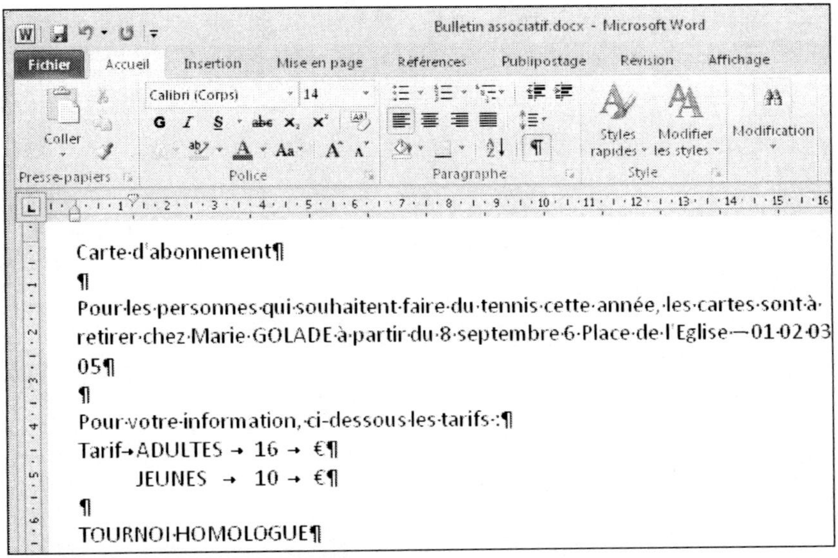

Les taquets prédéfinis de Word sont posés tous les 1,25 cm. Ils apparaissent sous la règle, représentés par des petits traits verticaux gris. Lorsque l'affichage des marques de mise en forme est actif, comme sur cet exemple, les tabulations sont représentées par le symbole →.

Supprimer du texte

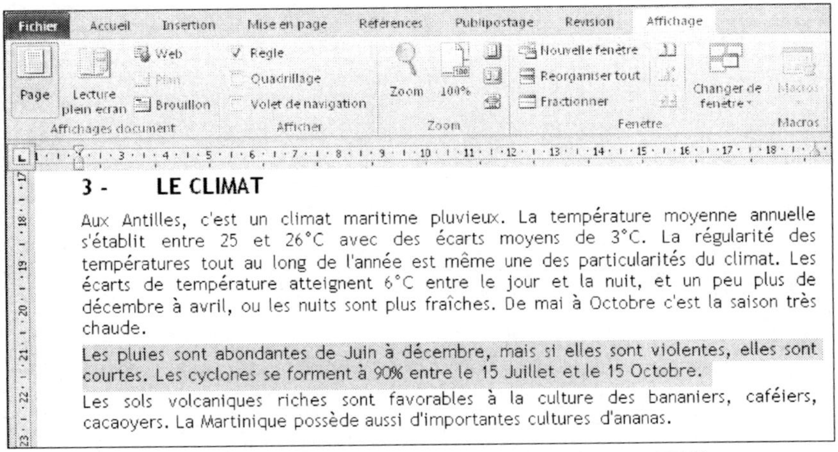

Pour supprimer le texte sélectionné, appuyez sur la touche Suppr.

Déplacer le point d'insertion

Le point d'insertion, symbolisé par un trait vertical qui clignote, représente votre position dans le document.

En fonction du résultat attendu, utilisez les touches de déplacement suivantes :

→ / ←	Caractères suivant/précédent
Ctrl → / Ctrl ←	Début du mot suivant/précédent
Fin / ↖	Fin/début de ligne
Ctrl ↓ / Ctrl ↑	Début du paragraphe suivant/précédent
Ctrl Alt Pg Dn / Ctrl Alt Pg Up	Bas/haut de la fenêtre
Pg Dn / Pg Up	Fenêtre suivante/précédente
Ctrl ↖ / Ctrl Fin	Début/fin du document

Aucune de ces touches de déplacement ne permet d'aller au-delà du symbole de fin de document. En outre, ne soyez pas surpris d'atteindre des lignes vides lors des déplacements de paragraphe en paragraphe, car chaque ligne vide est un paragraphe.

Vous pouvez aussi utiliser les barres de défilement pour vous déplacer, puis cliquer pour positionner le point d'insertion.

Déplacer le point d'insertion

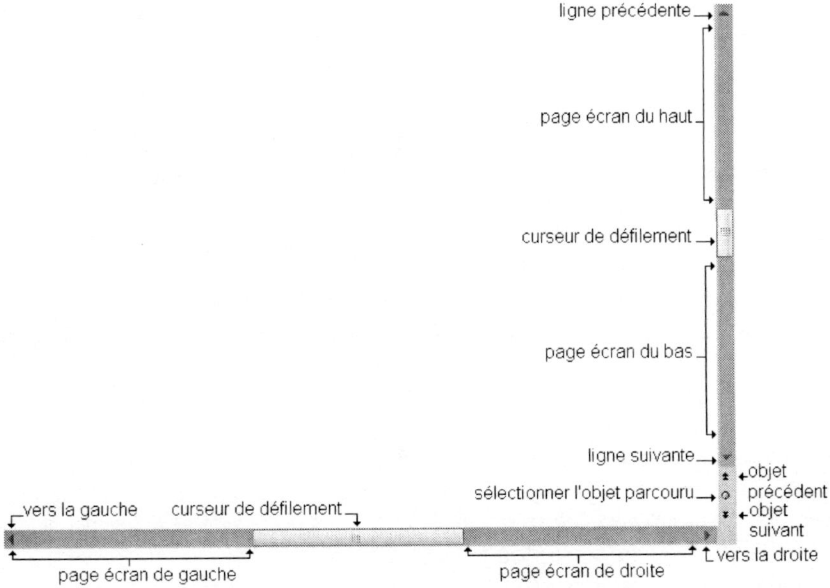

Si votre document contient plusieurs pages, lorsque vous faites glisser le curseur de défilement, Word affiche le numéro de la page dans une info-bulle.

Sélectionner du texte

Si vous souhaitez sélectionner :

un mot : faites un double clic sur le mot.

une ligne : pointez à gauche de la ligne (le pointeur de la souris prend la forme d'une flèche orientée vers le haut et vers la droite) puis cliquez une fois.

un paragraphe : pointez à gauche du paragraphe (le pointeur de la souris prend la forme d'une flèche orientée vers le haut et vers la droite) puis faites un double clic. Vous pouvez aussi faire un triple clic sur un mot du paragraphe.

une phrase : pointez la phrase, maintenez la touche Ctrl enfoncée puis cliquez une fois.

tout le document : pointez à gauche du texte et faites un triple clic ou maintenez la touche Ctrl enfoncée et cliquez une fois à gauche du texte ou faites Ctrl **A**. Vous pouvez aussi cliquer sur l'option **Sélectionner tout** visible dans la liste associée au bouton **Sélectionner** de l'onglet **Accueil** (groupe **Modification**).

un groupe de caractères :

le "cliqué-glissé" : cliquez avant le premier caractère à sélectionner et, sans relâcher le bouton de la souris, faites-la glisser pour étendre la sélection ; lorsque la sélection est correcte, relâchez le bouton de la souris.

le "⇧ Shift clic" : cliquez avant le premier caractère à sélectionner, pointez après le dernier, maintenez la touche ⇧ Shift enfoncée et cliquez. En remplacement du clic, vous pouvez utiliser les touches de déplacement (exemple, Ctrl ⇧ Shift → étend la sélection au mot situé à droite).

plusieurs groupes de caractères : sélectionnez le premier bloc de texte, maintenez la touche Ctrl enfoncée puis sélectionnez les autres blocs de texte avec la souris.

Pour sélectionner du texte verticalement, effectuez un cliqué-glissé en appuyant sur la touche Alt.

Un clic droit sur une sélection affiche le menu contextuel : ce menu regroupe des options applicables à la sélection.

Sélectionner du texte

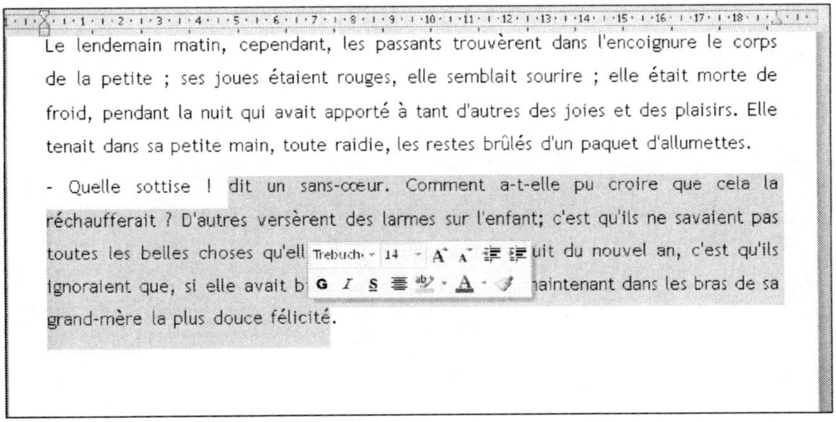

Le texte sélectionné apparaît sur fond bleu. Lorsqu'une sélection a été effectuée, une mini-barre d'outils apparaît temporairement pour vous permettre de mettre en forme la sélection sans avoir à accéder à l'onglet **Accueil**.

Déplacer/copier une partie de texte

Sélectionnez le texte à déplacer ou à copier.

Cliquez sur l'onglet **Accueil**.

Pour déplacer la sélection, cliquez sur l'outil **Couper** du groupe **Presse-papiers** ou Ctrl **X**.

Pour dupliquer la sélection, cliquez sur l'outil **Copier** du groupe **Presse-papiers** ou Ctrl **C**.

La sélection est stockée dans une mémoire temporaire appelée "Presse-papiers".

Positionnez le point d'insertion à l'emplacement où vous souhaitez faire apparaître le texte. Pour le faire apparaître dans un autre document, ouvrez ce document.

Cliquez sur la partie supérieure du bouton **Coller** du groupe **Presse-papiers** ou Ctrl **V**.

*Instantanément, le contenu du Presse-papiers apparaît ainsi que le bouton **Options de collage** (Ctrl), juste au-dessous du texte collé. Par défaut, le texte conserve sa mise en forme d'origine.*

Si la mise en forme du texte collé ne vous convient pas, ouvrez la liste du bouton (Ctrl) puis cliquez sur une des options proposées :

Conserver la mise en forme source pour que Word ne tienne pas compte de la mise en forme (des paragraphes et/ou des caractères) appliquée au paragraphe sur lequel le texte est collé mais conserve celle appliquée au texte initialement copié ou déplacé. Si le texte sélectionné n'inclut pas la marque de paragraphe (¶), Word tient compte seulement de la mise en forme des caractères.

Fusionner la mise en forme pour que Word conserve la mise en forme source des caractères et applique également la mise en forme des caractères du paragraphe sur lequel le texte est collé. La mise en forme du paragraphe sur lequel le texte est collé est appliquée.

Conserver uniquement le texte A pour que la mise en forme d'origine soit ignorée : le texte adopte la mise en forme des caractères et des paragraphes appliquée au paragraphe sur lequel il est collé.

Si le volet Office **Presse-papiers** est affiché, vous pouvez aussi cliquer sur un de ses éléments pour l'insérer dans le document. Ce volet s'affiche en cliquant sur le lanceur de boîte de dialogue **Presse-papiers** visible dans l'onglet **Accueil**.

Déplacer/copier une partie de texte

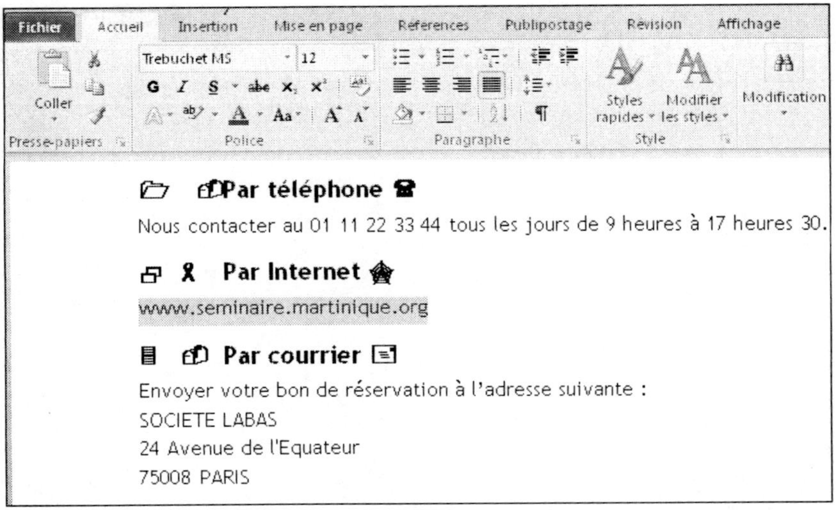

La sélection étant stockée dans le Presse-papiers, vous pouvez la coller autant de fois que vous le souhaitez.

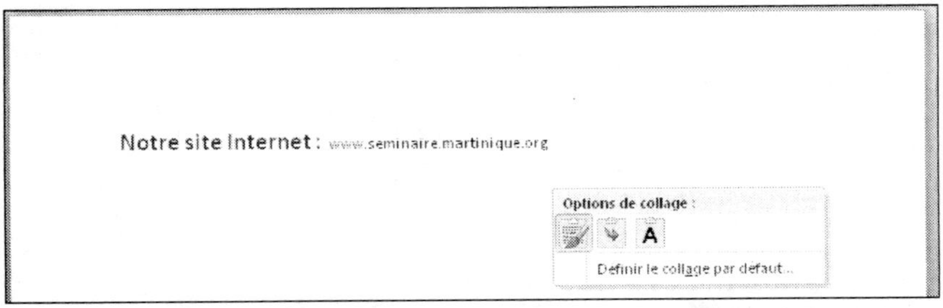

L'option **Définir le collage par défaut** affiche la boîte de dialogue **Options Word** dans laquelle vous pouvez modifier les options de collage par défaut visibles dans la zone **Couper, copier et coller** de la catégorie **Options avancées**.

Enregistrer un document

Cliquez sur l'onglet **Fichier** puis sur l'option **Enregistrer** ou cliquez sur l'outil **Enregistrer** de la barre d'outils **Accès rapide** ou utilisez le raccourci-clavier Ctrl **S**.

S'il s'agit d'un nouveau document, la boîte de dialogue ***Enregistrer sous*** *apparaît et, par défaut, Word vous propose d'enregistrer votre document dans un dossier appelé* ***Documents****.*

Saisissez le nom que vous souhaitez attribuer au document dans la zone de saisie **Nom de fichier** (vous pouvez saisir jusqu'à 255 caractères espaces compris). Si le dossier proposé ne vous convient pas, cliquez, si besoin, sur **Parcourir les dossiers** puis, sur **Dossiers** pour afficher la liste des dossiers.

Si nécessaire, dans le volet gauche, cliquez sur le symbole ▷ d'un dossier pour afficher ses sous-dossiers. Cliquez ensuite sur le nom du dossier dans lequel vous souhaitez enregistrer le document.

Pour accéder au dossier précédemment visité, cliquez sur l'outil .

Pour créer un dossier, sélectionnez le dossier dans lequel vous souhaitez créer le sous-dossier puis cliquez sur **Nouveau dossier**, saisissez le nom du nouveau dossier et appuyez sur Entrée.

Cliquez sur le bouton **Enregistrer**.

Le nom et, éventuellement, l'extension du document apparaissent sur la barre de titre. Un document Word 2010 porte l'extension ***.docx*** *(même si celle-ci n'est pas forcément visible). Il est cependant toujours possible d'enregistrer un document dans un format de Word antérieur à la version 2010 (cf. Enregistrer un document au format Word 97-2003).*

L'option **Enregistrer sous** (onglet **Fichier**) permet d'enregistrer le document actif à un autre emplacement et/ou sous un autre nom.

Enregistrer un document

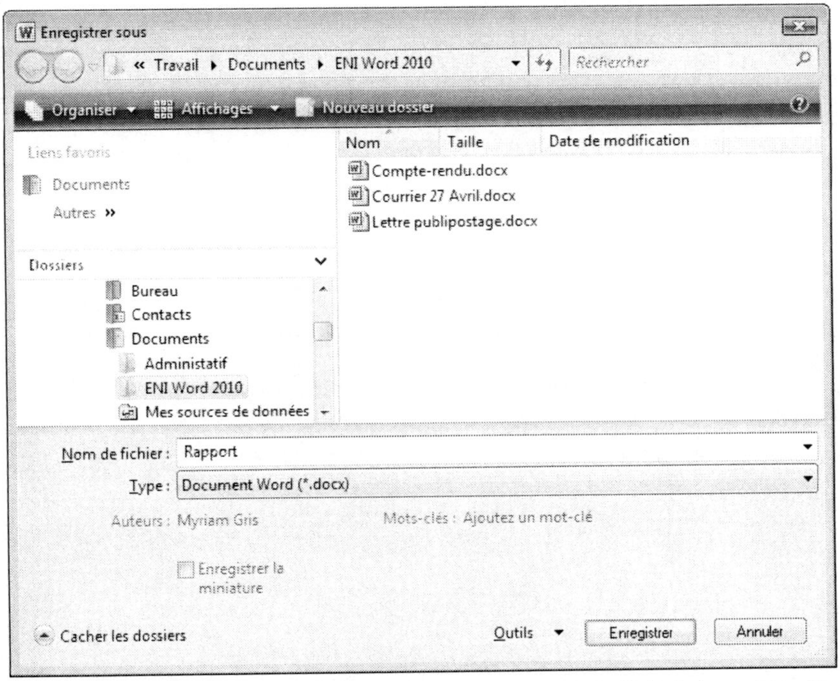

La barre d'adresses (située dans la partie supérieure de la fenêtre) affiche l'adresse complète du dossier dans lequel sera enregistré le document.

Enregistrer un document au format Word 97-2003

*Un nouveau format de fichier basé sur le langage XML est associé aux documents créés dans Word 2007 et 2010. Ils portent l'extension **.docx** tandis que ceux créés dans les versions antérieures à Word 2007 portent l'extension **.doc**.*
Il est toutefois possible d'enregistrer un document au format Word des versions 97 à 2003. Ainsi, une personne ayant Word 2003 pourra malgré tout ouvrir le document que vous aurez créé dans Word 2010. Cependant, si certaines parties du document ont été créées à l'aide des nouvelles fonctionnalités ou des fonctionnalités améliorées de Word 2010, il est possible qu'elles ne puissent pas être modifiées dans les versions antérieures à cette version.

Ouvrez le document concerné.
Cliquez sur l'onglet **Fichier** puis sur l'option **Enregistrer et envoyer**.

Dans le volet central, cliquez sur **Modifier le type de fichier** puis, dans le volet droit, sur **Document Word 97-2003 (*.doc)**. Cliquez ensuite sur le bouton **Enregistrer sous**.

*L'option **Document Word 97-2003 (*.doc)** est sélectionnée dans la liste **Type** de la boîte de dialogue **Enregistrer sous**.*

Si besoin, sélectionnez son dossier d'enregistrement puis spécifiez son **Nom de fichier** dans la zone de saisie correspondante.

*Vous pouvez cependant conserver le même nom car les deux documents n'auront pas la même extension (vous conserverez donc le document d'origine, d'extension **.docx**).*

Cliquez sur le bouton **Enregistrer**.

Si certaines fonctionnalités du document ne sont pas prises en charge dans les versions de Word antérieures à la version 2010, un message vous informe que ces fonctionnalités risquent d'être perdues ou endommagées.

Cliquez sur le bouton **Continuer**.
*Le texte **[Mode de compatibilité]** est visible dans la barre de titre du document signifiant que le mode de compatibilité est activé.*

Vous pouvez vérifier la compatibilité d'un document avant l'enregistrement de celui-ci au format Word 97-2003. Pour cela, cliquez sur l'onglet **Fichier**, puis sur **Informations**. Dans le volet central, cliquez sur le bouton **Vérifier la présence de problèmes** puis sur **Vérifier la compatibilité**. Ainsi, les éventuels problèmes de compatibilité susceptibles de provoquer une perte d'informations avec des versions antérieures de Word, s'affichent dans la boîte de dialogue **Vérificateur de compatibilité Microsoft Word**.

Enregistrer un document au format Word 97-2003

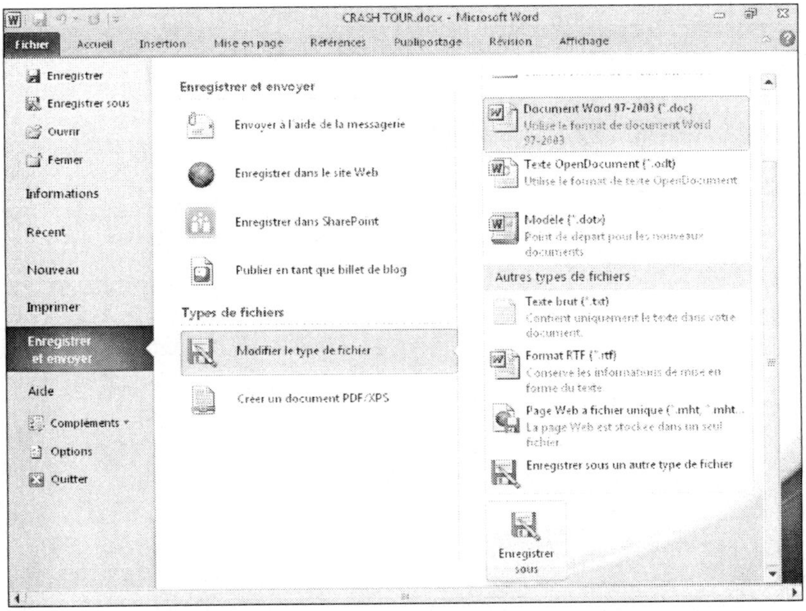

L'option **Texte OpenDocument (*.odt)** permet d'enregistrer le fichier au format OpenOffice.org Writer.

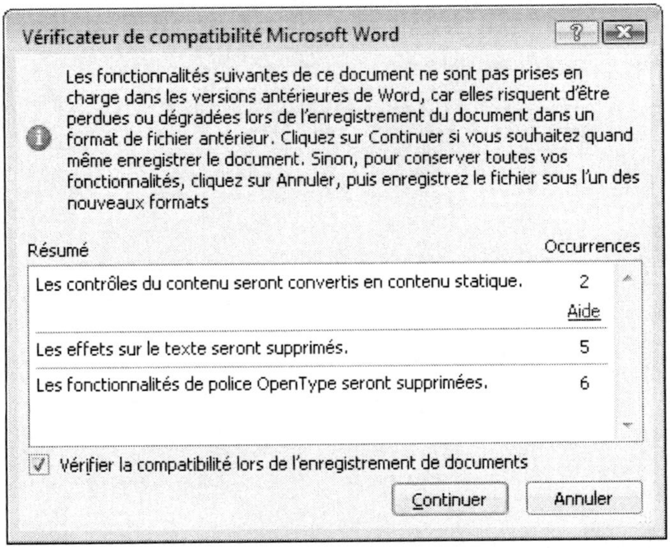

Un descriptif du ou des problèmes rencontrés est visible dans la zone **Résumé**.

Ouvrir un document

Les fichiers créés dans Microsoft Word 2007 ou 2010 portent par défaut l'extension ***.docx*** *alors que ceux créés dans les versions antérieures portent l'extension* ***.doc****. Vous pouvez toutefois ouvrir et exploiter les documents enregistrés au format Word des versions 97 à 2003.*

Cliquez sur l'onglet **Fichier** puis sur l'option **Ouvrir** ou utilisez le raccourci-clavier Ctrl **O**.
Pour indiquer où se trouve le document à ouvrir, cliquez, si besoin, sur **Parcourir les dossiers** puis sur **Dossiers** pour afficher la liste des dossiers.
Sélectionnez, dans le volet de gauche de la fenêtre, le dossier où se trouve le document à ouvrir.

Pour modifier l'affichage de la liste des fichiers dans le volet droit de la fenêtre, ouvrez la liste **Affichages** et choisissez l'option :

Icônes	Pour afficher sous forme de **Très grandes**, de **Grandes**, de **Moyennes** ou de **Petites icônes** le nom du fichier ou du dossier.
Liste	Pour afficher une petite icône et le nom de chaque fichier.
Détails	Pour afficher le **Nom**, la **Taille**, et la **Date de modification** de chaque fichier en colonne.
Mosaïques	Pour afficher l'icône, le nom, le type et la taille de chaque fichier.

Pour ouvrir un document, faites un double clic sur son nom ou sélectionnez-le puis cliquez sur le bouton **Ouvrir** ; pour ouvrir plusieurs documents simultanément, utilisez la touche Shift pour sélectionner les documents contigus et/ou la touche Ctrl s'ils ne sont pas contigus puis, cliquez sur le bouton **Ouvrir**.

Si vous avez ouvert un document enregistré au format Word, versions 97 à 2003, le texte ***Mode de compatibilité*** *est visible à droite du nom du fichier dans la barre de titre. Vous ne pourrez pas utiliser les nouvelles fonctionnalités de Word 2010 (les thèmes par exemple) car, dans ce cas, celles-ci sont grisées donc indisponibles.*

Ouvrir un document

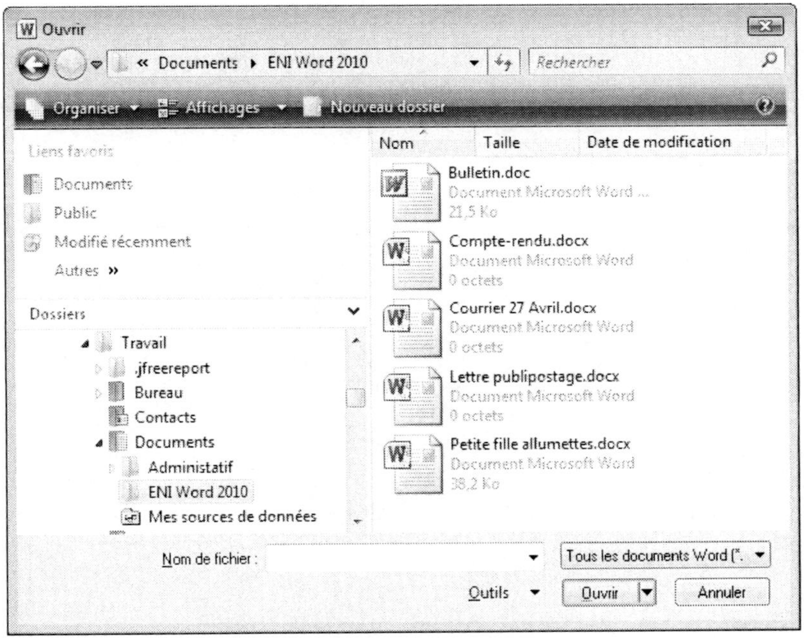

L'icône  est associée aux documents enregistrés au format Word 97-2003 (ici, le document **Bulletin**) tandis que l'icône  est associée à ceux enregistrés au format Word 2010.

Utiliser la liste Documents récents

Pour ouvrir rapidement un des derniers documents utilisés, cliquez sur l'onglet **Fichier** puis sur **Récent**.

Cliquez ensuite sur le nom du document à ouvrir visible dans la liste **Documents récents**.

À chaque fois que vous ouvrez un document, le dernier document de cette liste disparaît pour laisser la place au document que vous venez d'ouvrir qui lui, est placé en haut de la liste. Par défaut, les 25 derniers documents utilisés sont visibles dans cette liste.

Pour conserver un document dans la liste des **Documents récents**, cliquez sur le symbole **Ajouter cet élément à la liste** visible à droite du nom du document concerné.

*Le document ainsi ajouté s'affiche en haut de la liste **Documents récents**.*

Pour retirer ensuite ce document de la liste, vous pourrez cliquer sur le symbole : le document disparaîtra automatiquement lorsqu'il aura atteint la dernière position dans la liste.

Pour ajouter des documents récents dans le volet gauche de l'onglet **Fichier** (au-dessus de l'option **Informations**) et ainsi pouvoir y accéder plus rapidement, cochez l'option **Accéder rapidement à ce nombre de documents récents** puis spécifiez le nombre de documents à effectuer.

Fermer un document

Cliquez sur l'onglet **Fichier** puis sur l'option **Fermer** ou utilisez le raccourci-clavier Ctrl F4 ou cliquez sur le bouton visible dans le coin supérieur droit de la fenêtre Word.

Attention, si un seul document est ouvert, le fait de cliquer sur le bouton ferme le document mais aussi l'application Word.

Si le document a été modifié depuis le dernier enregistrement, Word propose de l'enregistrer avant de le fermer. Dans ce cas, cliquez sur : **Enregistrer** pour enregistrer et fermer le document, **Ne pas enregistrer** pour fermer le document sans enregistrer les modifications apportées à celui-ci ou sur **Annuler** pour annuler la fermeture du document.

Utiliser la liste Documents récents

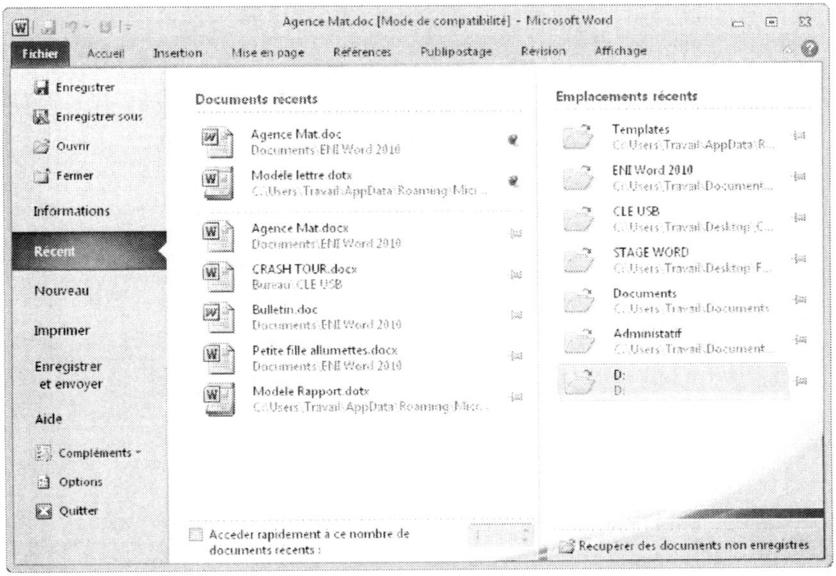

Dans le volet droit, la liste **Emplacements récents** permet d'ouvrir directement un des derniers dossiers utilisés.

Fermer un document

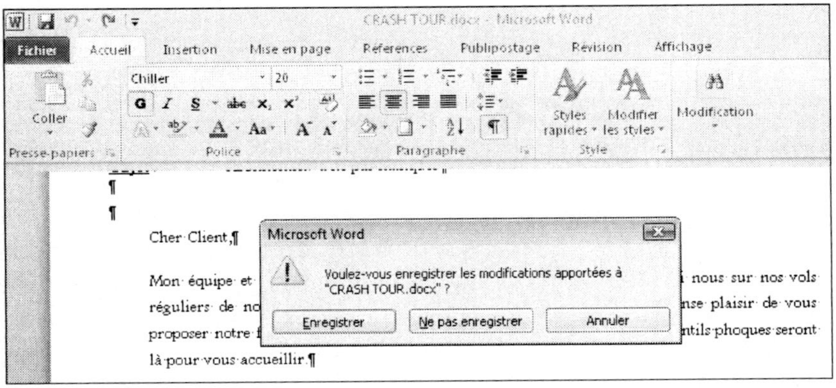

Ce message d'alerte apparaît lorsque vous tentez de fermer un document dont l'enregistrement n'a pas été effectué.

Mettre en forme des caractères

Il s'agit d'appliquer aux caractères des attributs de mise en valeur tels que le gras, l'italique...
Si les caractères concernés sont déjà saisis, sélectionnez-les.

- En fonction de la mise en valeur à appliquer, cliquez sur un ou plusieurs des outils du groupe **Police** visible dans l'onglet **Accueil** :

G	caractères **Gras**
I	caractères *Italiques*
S	caractères Soulignés
abc	caractères ~~barrés~~
x_2	caractères en $_{\text{Indice}}$
x^2	caractères en ^{Exposant}

Pour désactiver une mise en valeur, cliquez de nouveau sur l'outil correspondant.

Vous pouvez également utiliser l'une des combinaisons de touches suivantes :

Ctrl Shift B	**Gras**
Ctrl I	*Italique*
Ctrl U	Souligné
Ctrl Alt U	Double souligné
Ctrl Shift W	Mots seulement soulignés
Ctrl Shift K	PETITES MAJUSCULES
Ctrl Shift +	Position ^{Exposant} (le signe + doit être tapé sur le clavier alphanumérique.)
Ctrl =	Position $_{\text{Indice}}$
Ctrl Shift H	Texte masqué

- Si les mises en valeur à appliquer ne sont pas présentes sur le Ruban, cliquez sur le Lanceur de boîte de dialogue du groupe **Police**. Sur l'onglet **Police, style et attributs**, choisissez les attributs souhaités et cliquez sur **OK**.

Lorsqu'un texte vient d'être sélectionné, une mini-barre d'outils s'affiche automatiquement à proximité du texte sélectionné. Elle contient des outils permettant de mettre en forme les caractères et les paragraphes sélectionnés.

Mettre en forme des caractères

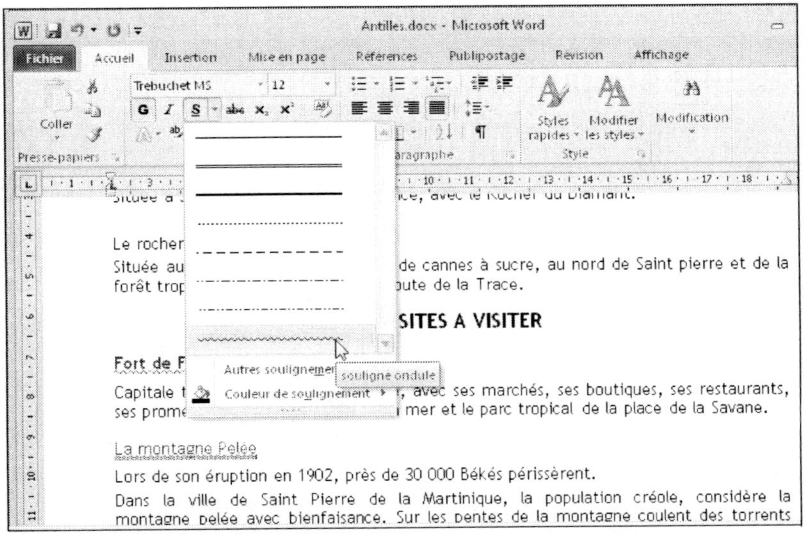

La liste associée à l'outil permet de choisir le style du trait de soulignement.

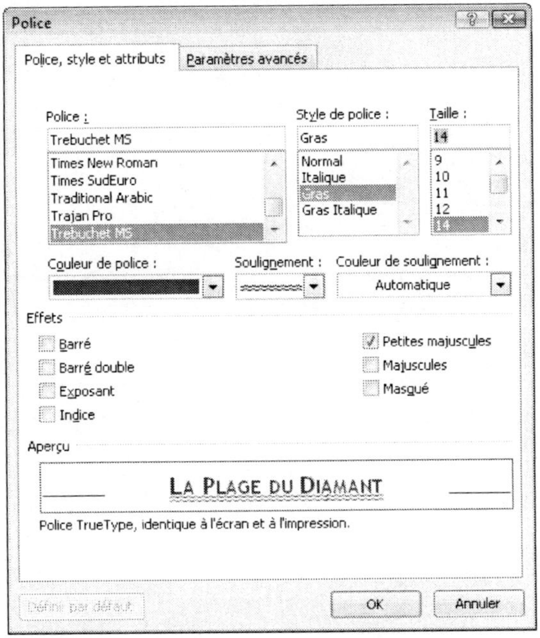

Le cadre **Aperçu** affiche les mises en valeur choisies.

Annuler des mises en forme de caractères

Cette manipulation vous permet d'annuler une partie ou toutes les mises en forme attribuées aux caractères sélectionnés.

Pour annuler une seule mise en valeur, sélectionnez les caractères concernés puis désactivez l'option ou l'outil qui a permis de l'activer.

- Pour annuler toutes les mises en valeur de caractères, sélectionnez les caractères concernés puis faites Ctrl Espace ou Ctrl Shift **Z** ou cliquez sur l'outil **Effacer la mise en forme** visible dans le groupe **Police** de l'onglet **Accueil**.

Modifier la police/la taille des caractères

Sélectionnez les caractères concernés.

Dans l'onglet **Accueil**, ouvrez la liste **Police** ou **Taille de police** (en points) visible dans le groupe **Police**.

- *Word liste alors les polices ou les tailles disponibles pour la police de caractères choisie. Lorsque vous pointez une des polices, le texte sélectionné dans le document apparaît avec cette police.*

  Cliquez sur la police ou sur la taille attendue.

Vous pouvez aussi modifier la police et/ou la taille des caractères à l'aide de la liste **Police** et **Taille** de la boîte de dialogue **Police** (onglet **Accueil** - groupe **Police** - bouton - onglet **Police, style et attributs**) ou encore, à l'aide de la mini barre d'outils.
Pour modifier la taille des caractères, vous pouvez également cliquer autant de fois que nécessaire sur l'outil A pour augmenter la taille et sur l'outil A pour réduire la taille.

Annuler des mises en forme de caractères

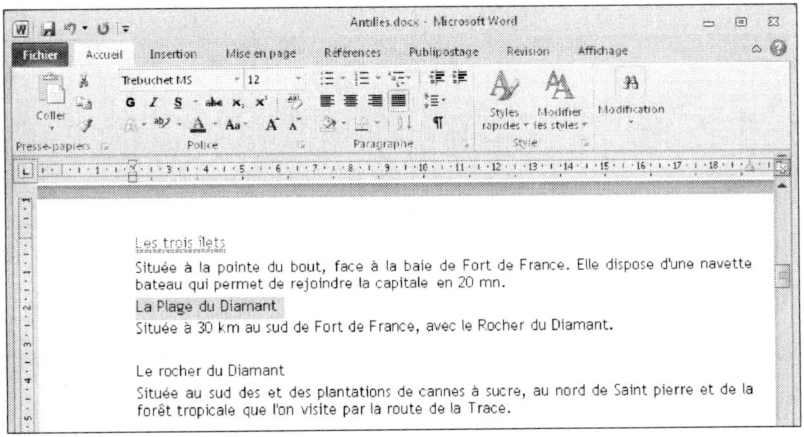

L'outil du groupe **Police** permet de supprimer à la fois la mise en valeur gras et le soulignement du texte sélectionné.

Modifier la police/la taille des caractères

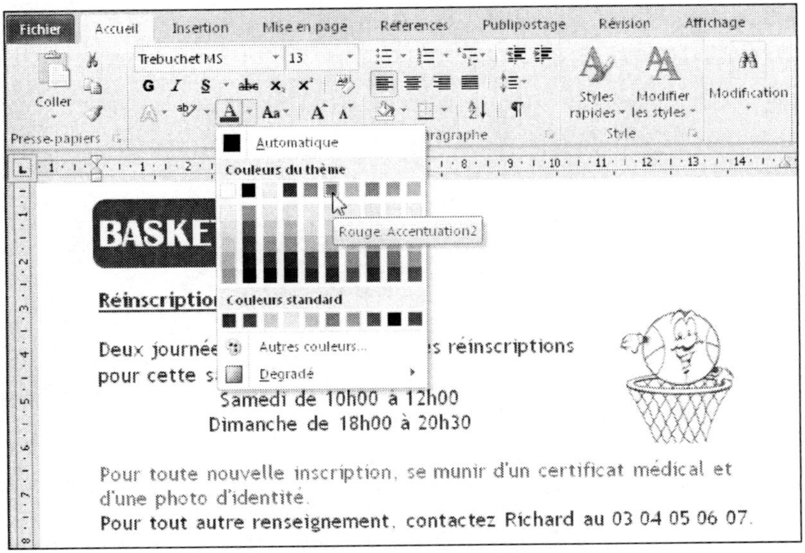

Dans la partie supérieure de la liste, Word affiche les **Polices de thème** ainsi que les **Polices utilisées récemment**.

Appliquer une couleur aux caractères

Sélectionnez les caractères concernés.

Pour changer la couleur des caractères ouvrez la liste de l'outil visible dans le groupe **Police** de l'onglet **Accueil**. Les couleurs associées à la zone **Couleurs du thème** sont liées au thème appliqué au document. Si vous choisissez une des **Couleurs du thème**, cette couleur changera si un autre thème est appliqué au document.

Pour surligner les caractères en couleur, ouvrez la liste de l'outil visible dans le groupe **Police** de l'onglet **Accueil**.

Cliquez sur la couleur désirée.

Pour appliquer la dernière couleur sélectionnée, il suffit de cliquer sur l'outil ou l'outil sans ouvrir la liste.

Appliquer une couleur aux caractères

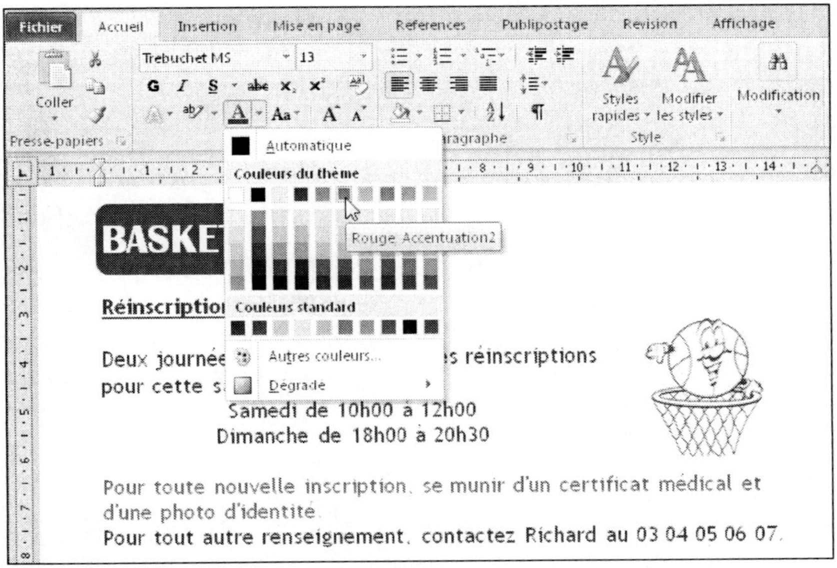

Lorsque vous pointez une couleur, le texte sélectionné dans le document apparaît avec cette couleur. L'option **Automatique** permet d'appliquer la couleur de police Noir.

Appliquer des effets aux caractères

Il s'agit ici de modifier l'apparence des caractères en leur appliquant un ou plusieurs effets comme, par exemple, un dégradé, un effet d'ombre ou de réflexion.

Sélectionnez les caractères concernés puis cliquez sur l'onglet **Accueil**.

Pour appliquer un dégradé prédéfini aux caractères, ouvrez la liste associée à l'outil **Couleur de police** puis cliquez sur l'option **Dégradé**. Parmi les dégradés prédéfinis proposés, cliquez sur celui à appliquer au texte ; si parmi les dégradés proposés aucun ne vous convient, cliquez sur l'option **Plus de dégradés** pour appliquer un dégradé personnalisé.

- Pour appliquer un contour aux caractères, cliquez sur l'outil **Effets de texte** puis pointez l'option **Plan**. Cliquez sur une des couleurs proposées pour modifier la couleur du contour ou cliquez sur l'option **Autres couleurs de contour** pour en sélectionner une autre. Pointez l'option **Épaisseur** pour choisir l'épaisseur du contour et pointez l'option **Tirets** pour choisir une bordure en pointillés ; l'option **Sans contour** permet d'annuler le contour appliqué aux caractères.

  Pour appliquer un effet d'ombre, de réflexion ou de lumière aux caractères, cliquez sur l'outil **Effets de texte** puis, selon le cas, pointez l'option **Ombre**, **Réflexion** ou **Lumière**. Parmi les effets prédéfinis proposés, cliquez sur celui à appliquer au texte ; si parmi les effets aucun ne vous convient, cliquez sur l'option **Options "nom de l'effet"** pour appliquer un effet personnalisé.

- Pour appliquer un effet 3D aux caractères, cliquez sur le bouton du groupe **Police**, cliquez sur l'onglet **Paramètres avancés**, sur le bouton **Effets de texte** puis sur la catégorie **Format 3D** de la boîte de dialogue **Effets de mise en forme d'un texte**. Dans les zones correspondantes, spécifiez le type de **Biseau** de l'effet 3D, sa **Profondeur** et sa couleur, la couleur et la taille de son **Contour** ainsi que le style de sa **Surface** (liste **Matériel**). Une fois l'effet 3D défini, cliquez sur le bouton **Fermer**.

Des effets prédéfinis sont également disponibles dans la partie supérieure de l'outil **Effets de texte** .

Pour supprimer un effet d'ombre, de réflexion ou de lumière, pointez l'option correspondante de l'outil puis, selon le cas, cliquez **Aucune ombre, Aucune réflexion** ou **Aucune lumière**.

Appliquer des effets aux caractères

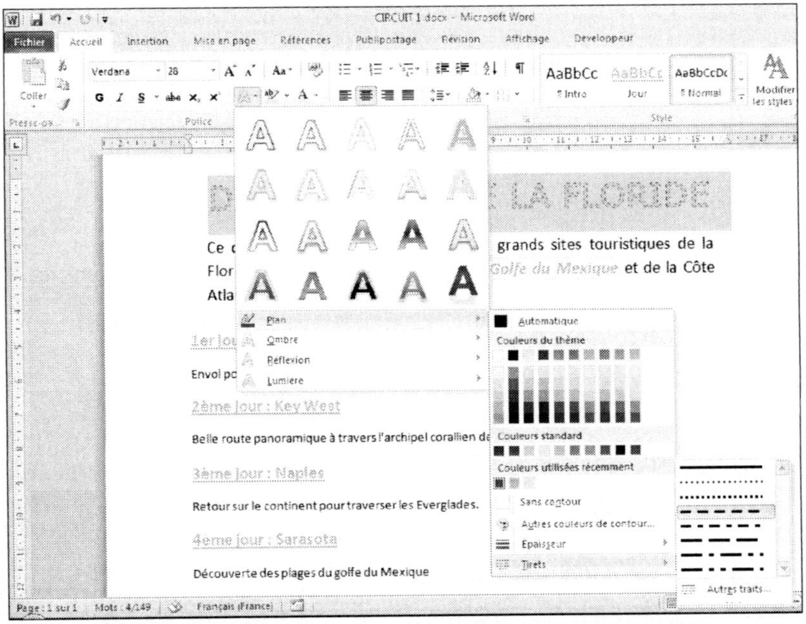

L'option **Autres traits** ouvre la boîte de dialogue **Effets de mise en forme d'un texte** permettant de personnaliser le contour.

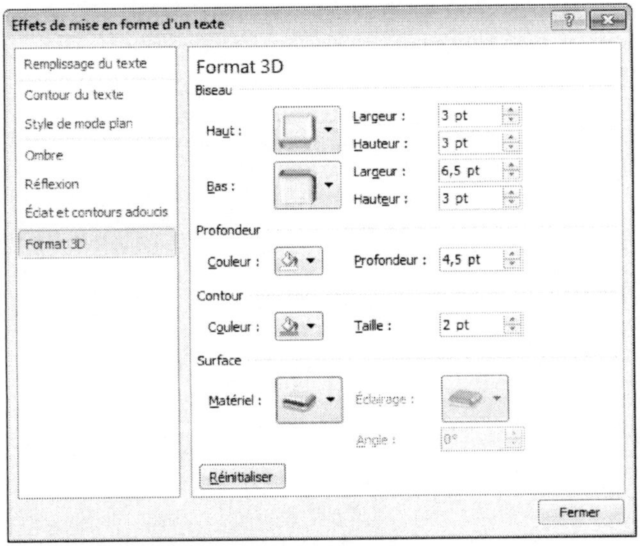

Le bouton **Réinitialiser** permet d'annuler les effets 3D.

Modifier l'alignement des paragraphes

Sélectionnez les paragraphes concernés ou positionnez le point d'insertion dans le paragraphe.

Cliquez sur l'outil du groupe **Paragraphe** (onglet **Accueil**) correspondant à l'alignement souhaité ou utilisez le raccourci correspondant :

Alignement		A
Gauche		Ctrl Shift **G**
Centré		Ctrl **E**
Droit		Ctrl Shift **D**
Justifié		Ctrl **J**

Vous pouvez également cliquez sur du groupe **Paragraphe** de l'onglet **Accueil** et sur, l'onglet **Retrait et espacement**, choisir l'alignement voulu dans la liste **Alignement**.

Provoquer des retraits de paragraphes

Sélectionnez les paragraphes concernés ou positionnez le point d'insertion dans le paragraphe. Si besoin, affichez les règles en cliquant sur l'outil **Règle** (en haut de la barre de défilement vertical).

La règle propose quatre marques de retrait qui correspondent aux quatre types de retraits existants :

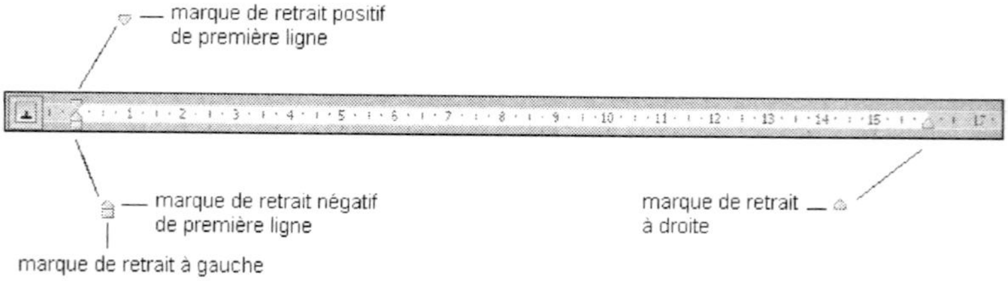

Cliquez puis faites glisser la marque selon le retrait souhaité.

Pour positionner plus précisement les marques de retrait dans la règle, maintenez la touche Alt lors du cliqué-glissé : la règle affiche alors les distances entre les marges et les retraits.

Vous pouvez également utiliser les outils et visibles dans le groupe **Paragraphe** de l'onglet **Accueil** pour diminuer ou augmenter le retrait gauche.

Les options **Gauche**, **Droite** et de **1re ligne** de la zone **Retrait** dans la boîte de dialogue **Paragraphe** (bouton du groupe **Paragraphe**) permettent également d'effectuer des retraits.

Modifier l'alignement des paragraphes

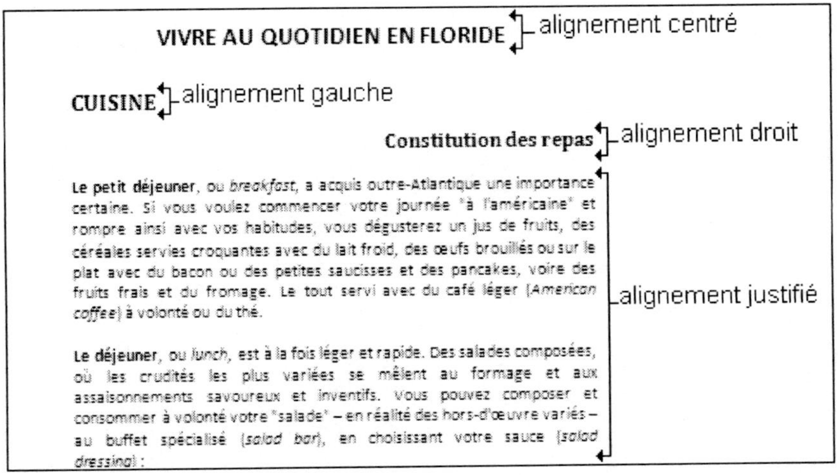

L'alignement activé par défaut est l'alignement gauche.

Provoquer des retraits de paragraphes

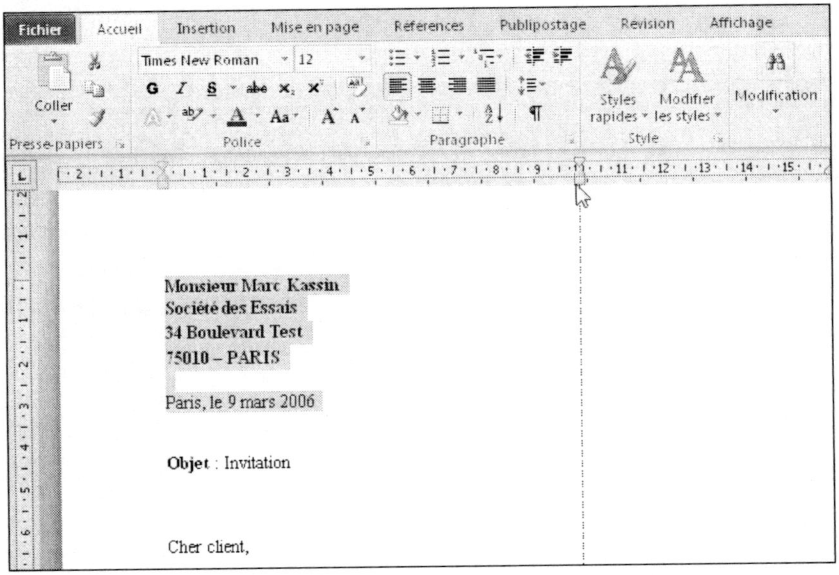

Tant que le bouton de la souris n'est pas relâché, vous visualisez une barre verticale ; dès que vous le relâchez, la sélection tient compte du retrait demandé.

Annuler des mises en forme de paragraphe

Sélectionnez les paragraphes concernés.

Appuyez sur les touches Ctrl **Q**.

Appliquer un style de paragraphe via la galerie Styles rapides

Sélectionnez les paragraphes ou cliquez dans le paragraphe concerné.

Dans l'onglet **Accueil**, cliquez sur le bouton **Styles rapides** (ou, en fonction de l'affichage, sur le bouton **Autres**) situé dans le groupe **Style** pour afficher la galerie **Styles rapides**.

Si vous n'êtes pas fixé sur le style de paragraphe à appliquer, pointez successivement les styles proposés afin de visualiser l'effet correspondant sur le texte sélectionné.

Le symbole ¶ est visible à gauche du nom des styles de paragraphe mais aucun symbole n'est associé aux styles contenant des mises en forme de caractères et de paragraphe (type de styles Lié).

Lorsque votre choix est fait, cliquez sur le style de paragraphe pour l'appliquer au(x) paragraphe(s) sélectionné(s).

Annuler des mises en forme de paragraphe

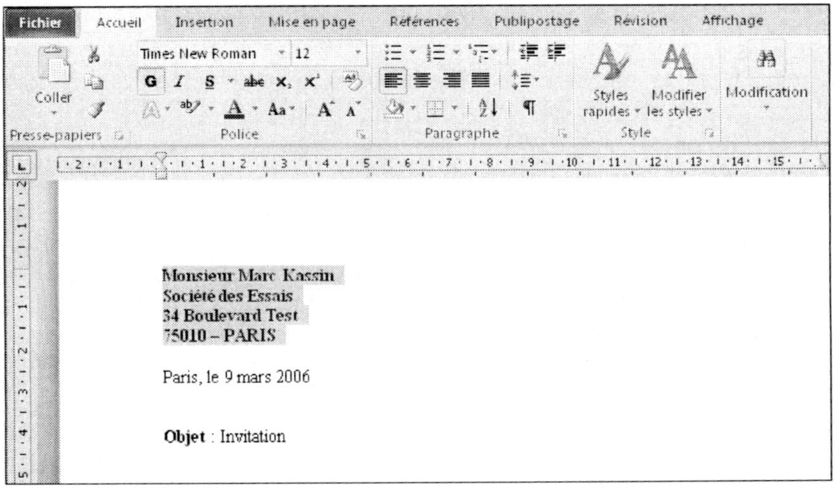

Les paragraphes retrouvent alors leur présentation d'origine.

Appliquer un style de paragraphe via la galerie Styles rapides

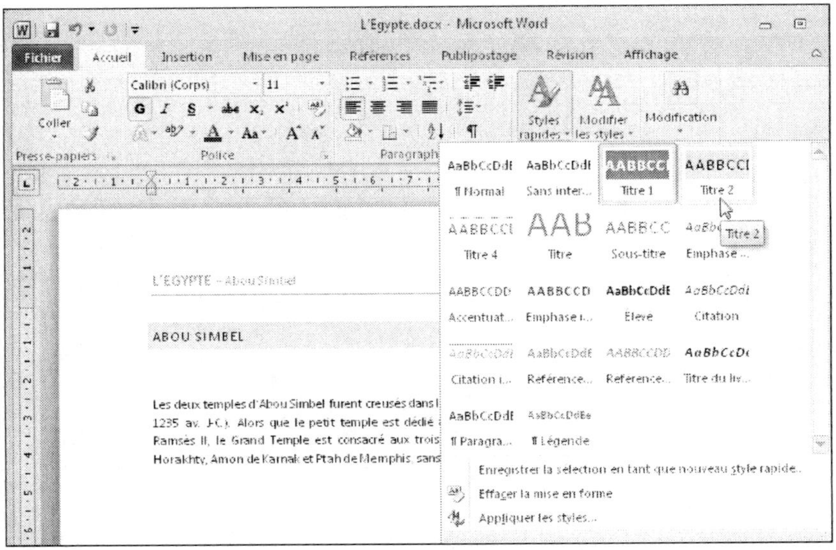

Ici, l'effet du style **Titre 2** est visible sur le paragraphe "ABOU SIMBEL". La mise en forme associée à chacun des styles change en fonction du jeu de styles actif.

Appliquer un thème au document

À chaque thème de document est associé un ensemble de couleurs (pour les textes, l'arrière-plan, les liens hypertextes), deux polices (une police de titre et une police de corps de texte) et un ensemble d'effets de traits et de remplissage. Par défaut, le thème ***Office*** *est associé à chaque nouveau document créé.*

Ouvrez le document pour lequel vous souhaitez appliquer un nouveau thème.

Dans l'onglet **Mise en page**, cliquez sur le bouton **Thèmes** visible dans le groupe du même nom.

Cliquez sur le bouton correspondant au thème à appliquer.

Si votre document utilise les polices, les couleurs et/ou les effets d'un thème, la présentation du (texte ou des graphiques change en fonction du thème choisi. De plus, si votre document utilise des styles auxquels sont associées les polices et les couleurs d'un thème tels que Titre 1, Titre 2...), les paragraphes utilisant ces styles se verront affecter les nouveaux attributs du thème choisi.

Pour appliquer le thème associé au modèle sur lequel est basé le document, cliquez sur le bouton **Thèmes** puis sur l'option **Restaurer le thème à partir du modèle**.

Appliquer un thème au document

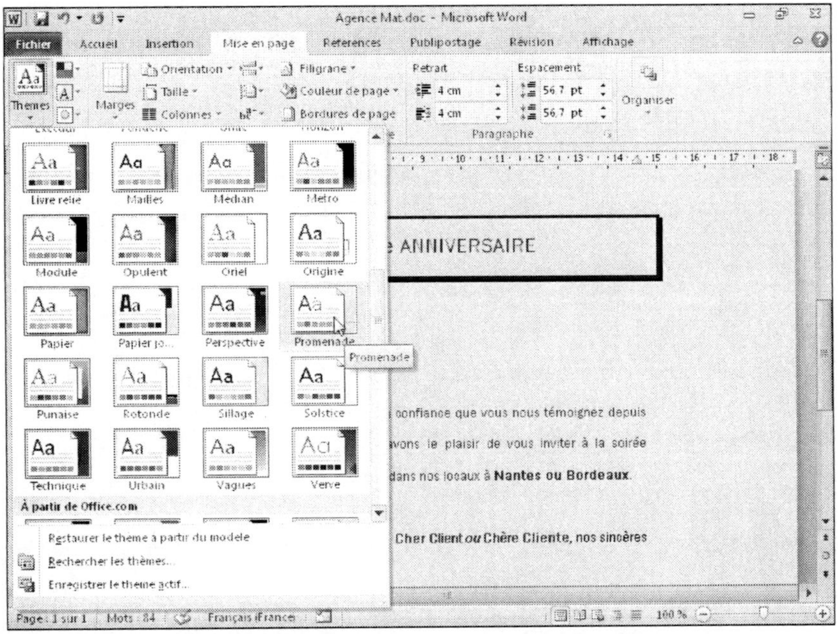

Lorsque vous pointez un thème dans la zone **Prédéfini**, vous visualisez l'effet correspondant dans votre document : la présentation des éléments liés à ce thème change momentanément.

Utiliser l'aperçu avant impression

Cliquez sur l'onglet **Fichier** puis sur l'option **Imprimer**.

*Dans la version 2010 de Word, les fonctions d'aperçu avant impression et d'impression sont regroupées sous l'option **Imprimer** de l'onglet **Fichier**.*

L'image réduite du document tel que Word l'imprimera s'affiche dans la partie droite de la fenêtre.

Pour visualiser les autres pages du document, utilisez les outils **Pages suivante** ▶ et **Page précédente** ◀ situés sous l'aperçu ou cliquez dans l'aperçu pour l'activer et utilisez les touches Pg Up et Pg Dn ou la barre de défilement verticale.

Pour afficher une page précise, saisissez son numéro dans la zone **Page active** puis validez par Entrée.

Pour modifier le zoom d'affichage de l'aperçu, utilisez l'outil **Zoom arrière** pour réduire la valeur du zoom et l'outil **Zoom avant** pour augmenter sa valeur ; vous pouvez également modifier la valeur du zoom en faisant glisser le curseur **Zoom**.

Pour afficher plusieurs pages dans l'aperçu, réduisez la valeur du zoom jusqu'à ce que le nombre de pages souhaité soit visible.

Pour revenir à l'affichage d'une page, cliquez sur la page concernée dans l'aperçu puis sur l'outil **Zoom sur la page** situé sous la barre de défilement vertical.

Pour modifier les options de mise en page, cliquez sur le lien **Mise en page** situé dans le volet central, sous les paramètres d'impression.

Pour lancer l'impression, spécifiez les paramètres d'impression (cf. titre suivant) puis cliquez sur le bouton **Imprimer**.

Pour revenir au document, cliquez sur l'onglet **Fichier** ou appuyez sur la touche Echap.

Utiliser l'aperçu avant impression

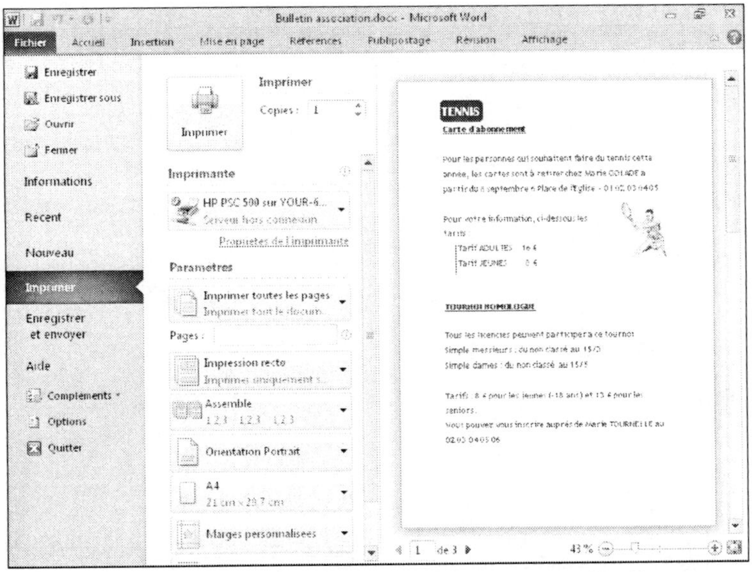

Le numéro de la page active et le total des pages apparaissent sous l'aperçu.

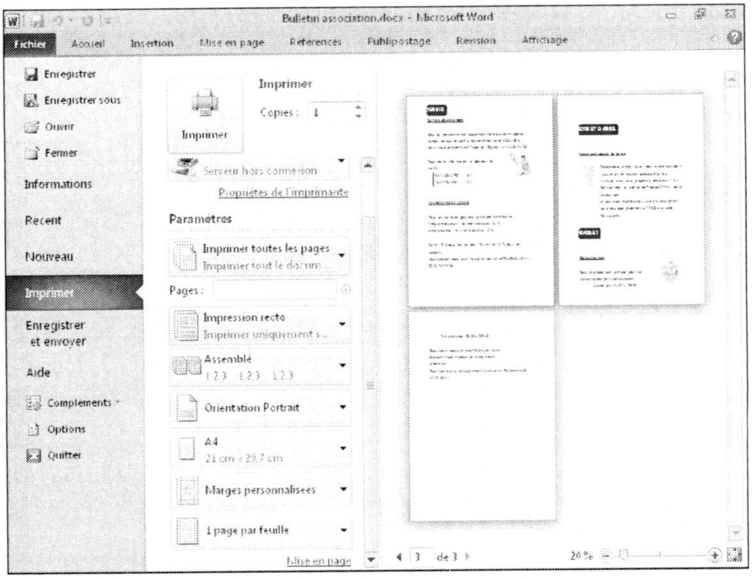

Vous pouvez également cliquer sur le facteur de zoom pour afficher la boîte de dialogue **Zoom** et ainsi préciser le pourcentage de zoom voulu ou le nombre de pages à afficher.

Imprimer un document

Sélectionnez éventuellement le texte que vous souhaitez imprimer.

Cliquez sur l'onglet **Fichier** puis sur l'option **Imprimer**.

Sélectionnez, dans la liste correspondante, l'**Imprimante** que vous souhaitez utiliser pour votre impression.

Ouvrez la première liste de la zone **Paramètres** puis cliquez sur l'option correspondant à ce que vous souhaitez imprimer :

Imprimer toutes les pages	Pour imprimer tout le document.
Imprimer la sélection	Pour imprimer le texte préalablement sélectionné.
Imprimer la page active	Pour imprimer la page sur laquelle est positionné le point d'insertion.
Imprimer la plage personnalisée	Pour imprimer plusieurs pages, précisez leur numéro dans la zone de saisie **Pages** (ex : pour imprimer de la page 2 à la page 4, tapez : **2-4** ; pour imprimer les pages 2 et 4, tapez : **2;4**).

Si seules les pages paires ou impaires doivent être imprimées, choisissez, dans la première liste de la zone **Paramètres**, l'option **Imprimer les pages impaires uniquement** ou **Imprimer les pages paires uniquement** ; pour imprimer de nouveau les pages paires et impaires, cliquez de nouveau sur l'option pour la désactiver.

Dans la zone **Copies**, précisez le nombre d'exemplaires à imprimer.

Si vous souhaitez imprimer le document sur les deux faces du papier, ouvrez la liste située sous la zone **Pages** puis cliquez sur l'option correspondant à l'impression recto verso souhaitée ; choisissez l'option **Imprimer manuellement en recto verso** si votre imprimante ne prend pas en charge cette fonction.

Si vous ne souhaitez pas que les pages soient assemblées, ouvrez la liste **Assemblé** puis sélectionnez l'option **Non assemblé**. Dans ce cas, la séquence d'impression sera : 1-1-1-2-2-2.

Pour imprimer plusieurs pages du document par feuille, ouvrez la dernière liste de la zone **Paramètres** puis cliquez sur l'option correspondant au nombre de pages du document à imprimer par feuille ou pointez l'option **Mettre à l'échelle du papier** et sélectionnez, si besoin est, le format de la feuille de papier sur laquelle le document doit être imprimé : selon le format choisi, Word agrandit ou réduit la taille de la police et des images.

Modifiez éventuellement l'orientation et les marges du document ainsi que le format du papier à l'aide des listes correspondantes de la zone **Paramètres**.

Lancez l'impression du document en cliquant sur le bouton **Imprimer**.

Imprimer un document

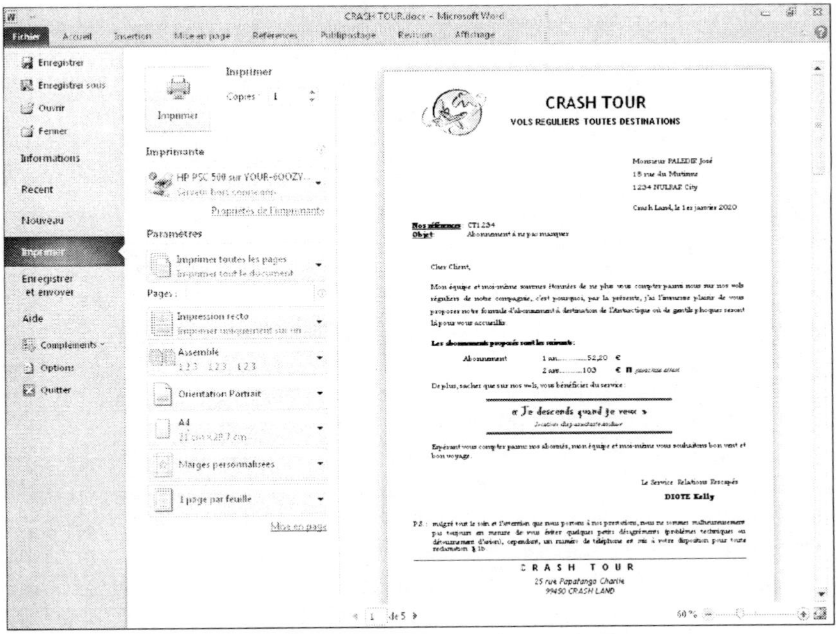

Par défaut, Word imprime toutes les pages du document.

Découvrir la fenêtre de l'application Excel 2010

Comme dans toutes les applications Office, l'écran de travail est composé de la fenêtre de l'application et de la fenêtre du classeur.

Le bouton **Système** (a) propose quelques commandes permettant de gérer la fenêtre de l'application.

La barre d'outils **Accès rapide** (b) contient les outils les plus fréquemment utilisés. Vous pouvez la déplacer sous le ruban (cf. partie Affichage).

La **barre de titre** (c) affiche le nom de l'application **Microsoft Excel** puis, sur la droite, les boutons **Réduire** (1), **Agrandir** ou **Niveau inférieur** (2) et **Fermer** (3).

Le **Ruban** (d) comporte la majorité des commandes de l'application. Ces commandes sont regroupées par tâches, chacune de ces tâches étant représentée par un **onglet** (4). Le premier de ces onglets, nommé **Fichier** et de couleur verte, active le mode Microsoft Office Backstage, et donne accès aux fonctionnalités de base de l'application telles que créer un nouveau classeur, ouvrir, enregistrer et/ou fermer un classeur, imprimer... (cet onglet remplace le **Bouton Microsoft Office de Excel 2007** et le menu **Fichier** des anciennes versions d'Excel). Notez que certaines manipulations (comme par exemple la sélection d'une image) font apparaître des onglets supplémentaires, à droite des onglets standards, appelés **onglets contextuels**. Chaque onglet présente plusieurs **groupes** (5) de commandes (ou sous-tâches) dans lesquels vous visualisez des **boutons de commande** (6) permettant de réaliser la plupart des manipulations. Certains des groupes présentent un **lanceur de boîte de dialogue** (7) permettant d'afficher une boîte de dialogue ou un volet Office donnant accès à des options supplémentaires.

La **barre de formule** (e) contient la **zone de nom** (8) et la **zone de formule** (9) ; la zone de nom permet d'afficher des informations sur la cellule active tandis que la zone de formule permet de saisir et de modifier des données ; chacune de ces deux zones peuvent être dimensionnées (cf. Chapitre Affichage).

La **barre d'état** (f) affiche des informations sur l'environnement de travail, le mode de vue, le bouton **Facteur de zoom**, représenté par le pourcentage du zoom actif, et le curseur de zoom.

Découvrir la fenêtre de l'application Excel 2010

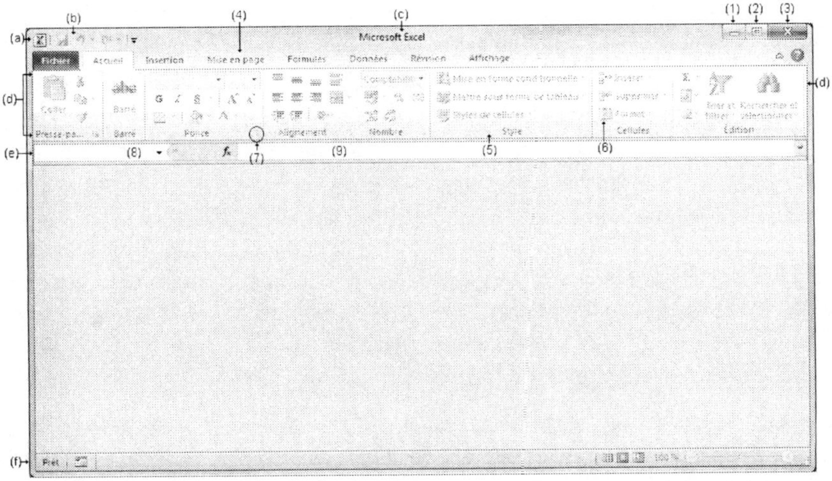

Sur cet écran, seule la fenêtre de l'application apparaît car aucun classeur n'est louvert.

Découvrir la fenêtre du classeur

La **barre de titre** (a) affiche le nom du classeur (**ClasseurN°** lorsque celui-ci n'est pas encore enregistré) et les boutons **Réduire** (1), **Agrandir** (2) et **Fermer** (3).

La **feuille de calcul** (b) est composée de cellules organisée en lignes et en colonnes ; les lignes sont caractérisées par des numéros tandis que les colonnes le sont par des lettres ; avec Excel 2010 (version 32 bits), vous disposez de 1 048 576 lignes et de 16 384 colonnes (identifiée XFD) ; quant à la version 64 bits d'Excel 2010 le nombre de lignes est virtuellement illimité puisqu'il peut dépasser plusieurs centaines de millions (seule la quantité de mémoire vive est une limite, et plus globalement les performances de la machine qui va traiter le fichier) ; chaque cellule correspond à l'intersection d'une ligne et d'une colonne et est identifiée par la lettre associée à cette colonne et le numéro associé à cette ligne (on parle de référence de cellule). Lorsque vous êtes positionné dans une cellule, elle devient la cellule **active** (4) et sa référence apparaît dans la zone de nom de la barre de formule. Le carré noir qui apparaît dans le coin inférieur droit de la cellule active s'appelle la **poignée de recopie** (5).

Un classeur pouvant être composé de plusieurs feuilles de calcul (une par défaut), Excel affiche dans le bas de la feuille de calcul active, la barre des **onglets de feuille de calcul** (c) qui permet d'identifier chaque feuille ; cette barre contient les boutons de défilement des feuilles (6), les différents onglets des feuilles (7) et le bouton **Insérer une feuille de calcul** (8).

Les **barres de défilement** servent à faire défiler la feuille de calcul à l'horizontale (d) et à la verticale (e) ; les rectangles visibles dans ces barres (9) sont appelés curseurs de défilement.

Lorsque la fenêtre du classeur occupe toute la fenêtre de l'application, comme c'est le cas par défaut, les deux barres de titre se superposent affichant ainsi le nom du classeur suivi de **Microsoft Excel** ; les boutons de taille concernant la fenêtre du classeur apparaissent alors sous ceux concernant la fenêtre de l'application et deviennent les boutons **Réduire la fenêtre, Restaurer la fenêtre** et **Fermer la fenêtre**.

Découvrir la fenêtre du classeur

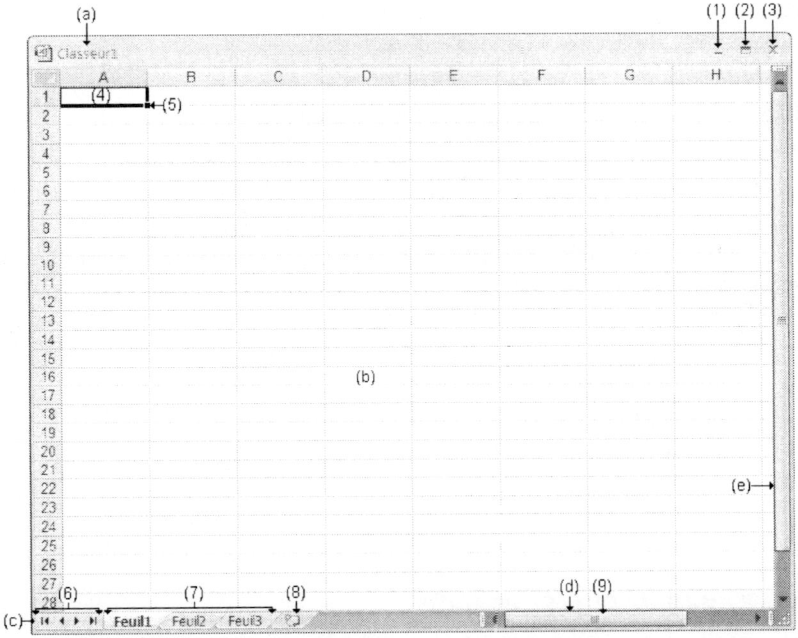

Sur cet exemple, la cellule active est la cellule située à l'intersection de la première ligne et de la première colonne, identifiée **A1**.

Utiliser le ruban

Le ruban regroupe la plupart des commandes de l'application.

Pour afficher le contenu d'un onglet, cliquez sur son nom.

Pour activer une commande, cliquez sur l'outil ou le bouton correspondant.

Pour afficher la boîte de dialogue ou le volet Office associé à un groupe, cliquez sur le bouton **Lanceur de boîte de dialogue** visible dans la partie inférieure droite du groupe de commandes concerné.

Afin de disposer de plus d'espace à l'écran, vous pouvez réduire temporairement le ruban en faisant un double clic sur l'onglet actif ou en utilisant le raccourci-clavier Ctrl F1 (seuls les noms des onglets restent visibles) ; pour afficher à nouveau le ruban en entier, cliquez sur l'onglet ou faites à nouveau Ctrl F1.

Créer un nouveau classeur vide

Un classeur est le principal fichier (ou document) que vous créez dans Microsoft Excel 2010.

Cliquez sur l'onglet **Fichier** puis sur l'option **Nouveau**.

Vérifiez que le bouton **Nouveau classeur** est sélectionné.

Cliquez sur le bouton **Créer** situé à droite de la fenêtre.

*Une nouvelle fenêtre vierge intitulée **Classeur** suivi d'un numéro apparaît.*

Réalisez vos modifications puis enregistrez le nouveau classeur ainsi créé.

Pour créer un nouveau classeur, vous pouvez aussi tout simplement utiliser le raccourci-clavier Ctrl **N**.

Utiliser le ruban

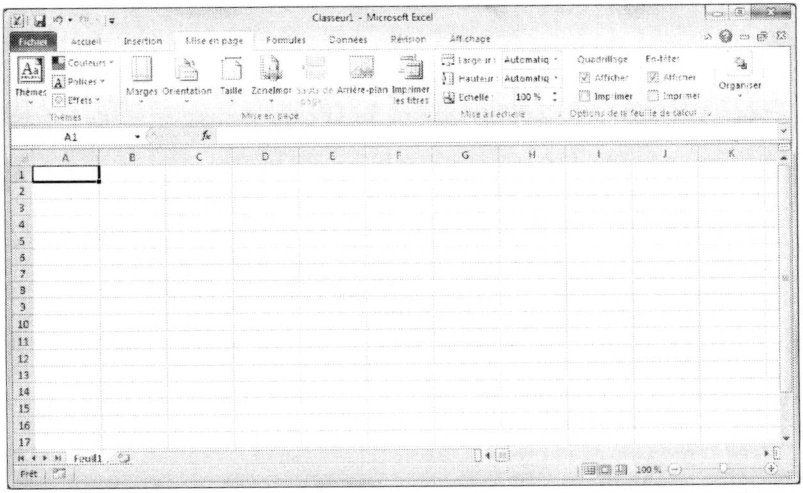

Chaque onglet est divisé en plusieurs groupes. Par exemple, dans l'onglet **Mise en page**, les commandes sont réparties dans quatre groupes : **Thèmes, Mise en page, Mise à l'échelle** et **Options de la feuille de calcul**.

Créer un nouveau classeur vide

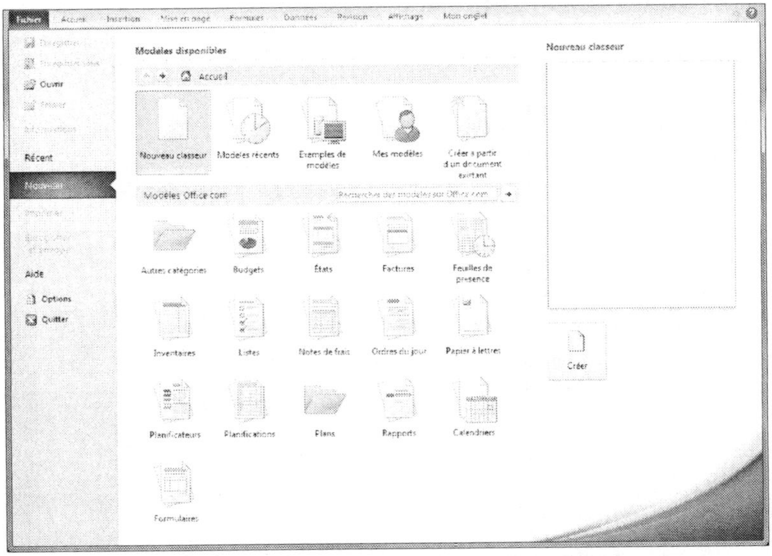

Le bouton **Nouveau classeur** représente en fait le modèle utilisé par défaut pour chaque nouveau classeur.

Créer un classeur basé sur un modèle prédéfini

Il s'agit de créer un nouveau classeur à partir d'un des modèles prédéfinis installés avec Excel, autre que celui utilisé pour créer un classeur vide.

Cliquez sur l'onglet **Fichier** puis sur l'option **Nouveau**.

Cliquez sur le bouton **Exemples de modèles** du volet **Modèles disponibles**.

Cliquez sur le modèle souhaité pour le sélectionner et en avoir un aperçu dans le volet droit de la fenêtre.

Cliquez sur le bouton **Créer**.

Une nouvelle fenêtre contenant les données du modèle choisi s'affiche. Cette fenêtre porte le nom du modèle, suivi d'un numéro.

Réalisez vos modifications et enregistrez le classeur en tant que nouveau classeur.

La liste des derniers modèles utilisés s'obtient en cliquant sur le bouton **Modèles récents** du volet **Modèles disponibles**. Pour créer un document basé sur un de ces modèles, il suffit de faire un double clic sur son nom.

Pour revenir à la page précédemment affichée ou passer à la suivante, ou bien afficher directement la page d'accueil des modèles, vous pouvez cliquer sur les icônes correspondantes : [← → Accueil].

Se déplacer dans une feuille de calcul

Utilisez les barres de défilement pour visualiser la cellule à activer puis cliquez sur celle-ci ou utilisez le clavier de la manière suivante :

cellule de droite/de gauche	[→] ou [⇄]/[←] ou [⇧ Shift][⇄]
cellule du haut/du bas	[↑] ou [⇧ Shift][Entrée]/[↓] ou [Entrée]
page écran de droite/de gauche	[Alt][Pg Dn]/[Alt][Pg Up]
page écran du haut/bas	[Pg Up]/[Pg Dn]
colonne A de la ligne active	[↖]
cellule A1	[Ctrl][↖]
Bord droit/gauche de la région de données	[Ctrl][←]/[Ctrl][→]
Bord supérieur/inférieur de la région de données	[Ctrl][↑]/[Ctrl][↓]

*La **région de données** est une plage de cellules contenant des données et délimitée par des cellules vides ou des bordures.*

Pour atteindre une cellule précise, cliquez dans la zone de nom (partie de la barre de formule affichant la référence de la cellule active).

Saisissez la référence de la cellule à atteindre et appuyez sur la touche [Entrée] pour valider.

Créer un classeur basé sur un modèle prédéfini

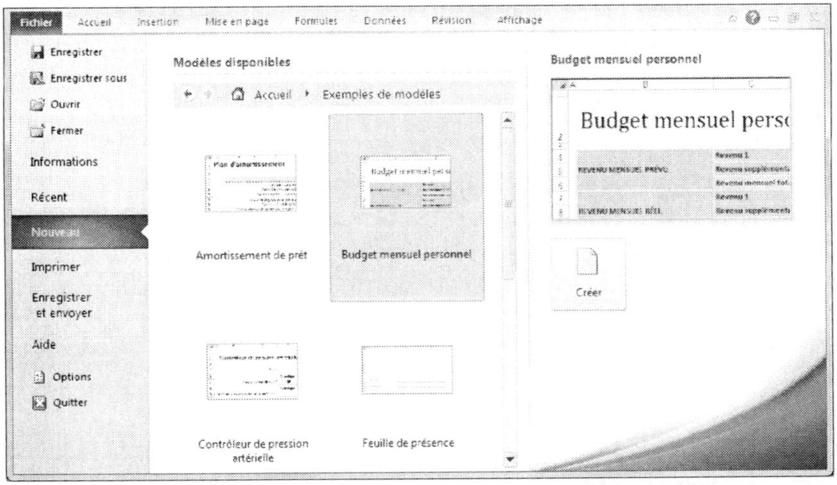

Les modèles prédéfinis d'Excel 2010 apparaissent dans la partie centrale de la boîte de dialogue, dans le volet **Modèles disponibles**.

Se déplacer dans une feuille de calcul

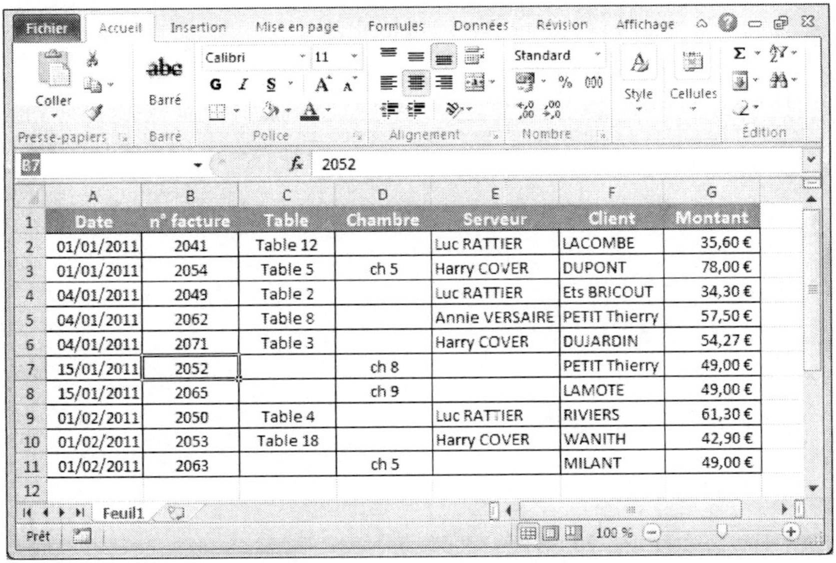

Lorsque vous cliquez sur le bouton **Options**, la boîte de dialogue s'agrandit et laisse apparaître de nouvelles options.

Saisir des données constantes (texte, valeurs, dates)

Activez la cellule dans laquelle la donnée doit apparaitre.

Vérifiez toujours la référence de la cellule active dans la zone de nom de la barre de formule.

Saisissez la donnée.

Pour la saisie des données, prêtez attention aux remarques suivantes :

- Pour les valeurs numériques faites attention à saisir des 0 (zéros) et pas des O (la lettre o).
- Pour une valeur négative, faites-la précéder d'un signe moins (-) ou entourez-la de parenthèses.
- Pour qu'un nombre comme 10000 apparaisse immédiatement sous la forme 10 000 **€**, effectuez la saisie suivante : 10000 **€** (le symbole **€** s'obtient souvent à l'aide de la combinaison Alt Gr **E**, cela dépend du type de clavier utilisé).
- Pour entrer un pourcentage, tapez le signe % juste après le nombre.
- Pour saisir des décimales, utilisez la virgule ou le point comme séparateur décimal (selon la configuration de Windows, c'est le point ou la virgule qui apparaît dans la feuille de calcul).
- Pour saisir une date, tapez sous la forme JJ/MM/AA ; Excel interprète l'année saisie sur deux chiffres comme suivant : de 00 à 29 = 2000 à 2029 et de 30 à 99 = de 1930 à 1999.
- Pour des heures, minutes et/ou secondes, saisissez sous la forme hh:mm:ss.

L'indicateur **Entrer** de la barre d'état indique que seules des saisies peuvent être réalisées.

Validez la saisie en utilisant la touche Entrée ou ⇄ ou une touche de direction quelconque ou cliquez sur le bouton ✓.

Le fait d'atteindre une nouvelle cellule valide la saisie précédente. Dès que vous activez une nouvelle cellule, Excel revient en mode Prêt et les symboles ✕ *et* ✓ *disparaissent.*

Pour insérer la date du jour et/ou l'heure système statiques, c'est-à-dire fixes, utilisez l'un des raccourcis-clavier suivants : Ctrl ; pour insérer la date et/ou Ctrl : pour insérer l'heure (vous pouvez utiliser les deux raccourcis séparés par la touche Espace dans une même cellule).

Saisir des données constantes (texte, valeurs, dates)

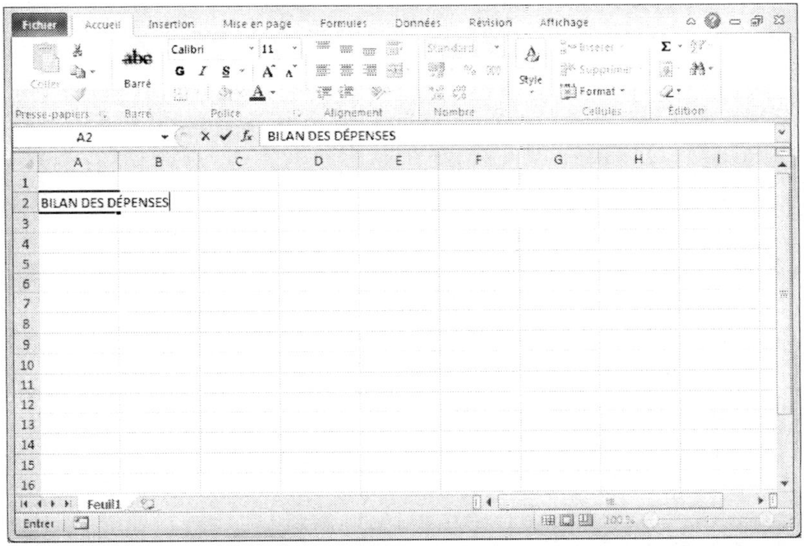

Dès la saisie du premier caractère, deux symboles apparaissent dans la barre de formule : le bouton  permet d'annuler la saisie (correspond à la touche Echap) tandis que le bouton  permet de la valider.

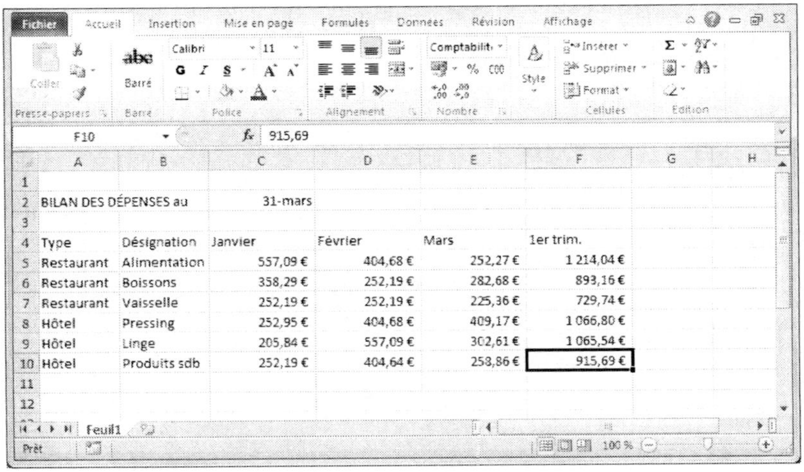

Après validation, les données de type Texte s'alignent à gauche des cellules et celles de type Date ou Numérique s'alignent à droite. En outre, les données de type Date sont automatiquement formatées (exemple : 31/03 devient 31-mars).

Créer une série de données

Une série de données correspond à une suite logique de valeurs. Vous pouvez créer une série de données de dates, d'heures, de mois, de jours, d'un mélange de textes et de valeurs numériques. Vous utilisez pour cela la fonctionnalité appelée "recopie incrémentée".

Saisissez la première valeur de la série.

Faites glisser la poignée de recopie de cette cellule jusqu'à la cellule d'affichage de la dernière valeur vers le bas ou vers la droite pour remplir en ordre croissant, vers le haut ou vers la gauche pour remplir en ordre décroissant.

*Juste après avoir créé votre série, le bouton **Options de recopie incrémentée** apparaît dans le coin inférieur droit de la série.*

Si vous souhaitez modifier le type de copie ou d'incrémentation selon le type de série, cliquez sur le bouton **Options de recopie incrémentée** .

Cliquez sur l'option adéquate.

Pour définir l'incrémentation de la série, vous pouvez saisir les deux premières valeurs de la série (par exemple, Référence 100 et Référence 150), sélectionner ces deux valeurs avant de faire glisser la poignée de recopie.

Modifier le contenu d'une cellule

Faites un double clic sur la cellule à modifier.

Réalisez vos modifications.

*Les nouveaux caractères saisis s'ajoutent aux caractères existants lorsque le mode **Insertion** est actif. Si le mode **Refrappe** est actif, les nouveaux caractères remplacent les caractères existants.*

Pour passer du mode Insertion au mode **Refrappe** et inversement, appuyez sur la touche Inser.

Validez les modifications.

Vous pouvez aussi cliquer dans la cellule puis dans la barre de formule pour effectuer directement vos modifications.

Créer une série de données

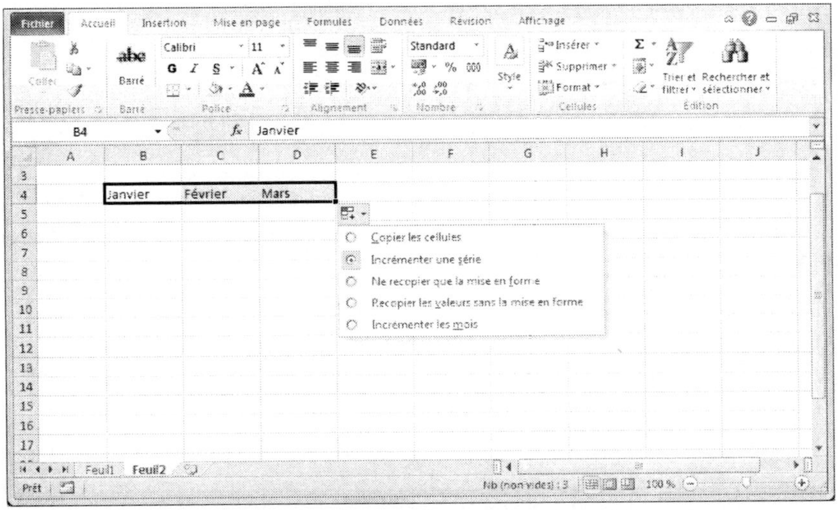

Une série de données simple permet d'afficher des valeurs successives avec un incrément égal à une unité.

Modifier le contenu d'une cellule

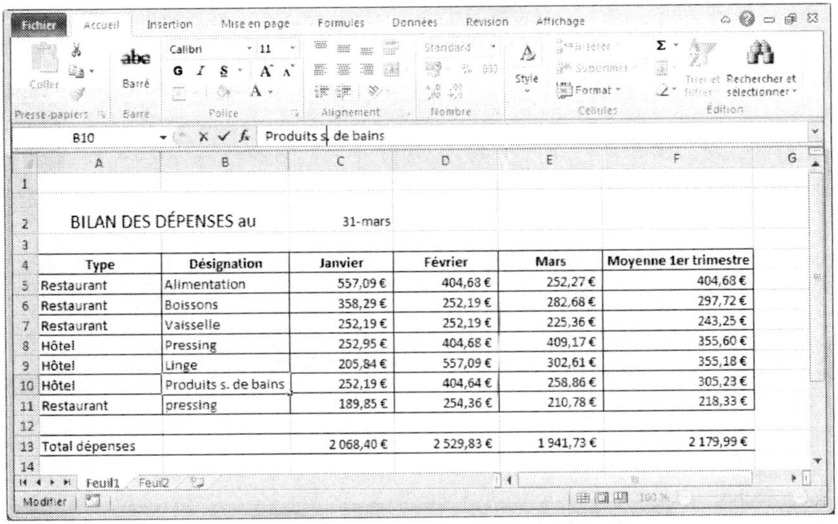

Un point d'insertion apparaît dans la cellule (la petite barre verticale clignotante) à l'endroit où vous avez cliqué et Excel passe en mode **Modifier**.

Effacer le contenu des cellules

Vous pouvez effacer le contenu de cellules, leur format et/ou leur commentaire.

Sélectionnez les cellules concernées.

Pour effacer le contenu des cellules, appuyez sur la touche Suppr ou faites glisser la poignée de recopie sur la sélection

Le contenu des cellules est alors supprimé mais pas leur format, ni leur commentaire.

Pour effacer le contenu et/ou le format et/ou les commentaires, cliquez sur l'outil **Effacer** du groupe **Édition** de l'onglet **Accueil**.

Cliquez sur l'option adéquate en fonction de ce que vous souhaitez effacer.

Créer une formule de calcul simple

Il s'agit d'élaborer un calcul intégrant des références de cellules, des opérateurs de calcul et/ou des constantes.

Cliquez dans la cellule où vous voulez entrer la formule et y voir le résultat.

Saisissez un signe égal = puis construisez la formule :

- pour intégrer le contenu d'une cellule à la formule, cliquez sur la cellule en question ou saisissez sa référence.
- pour intégrer un opérateur de calcul ou une constante, saisissez-le ou la.
- si vous utilisez plusieurs opérateurs, définissez, si besoin, des priorités afin de regrouper des valeurs : saisissez des parenthèses.

Validez la formule en appuyant sur la touche Entrée ou en cliquant sur le bouton de la barre de formule.

Le résultat apparaît dans la cellule mais le contenu réel est la formule qui s'affiche dans la barre de formule lorsque cette cellule est active.

Les formules de calcul sont, par défaut, automatiquement recalculées lorsque vous modifiez les valeurs intervenant dans les formules.

Effacer le contenu des cellules

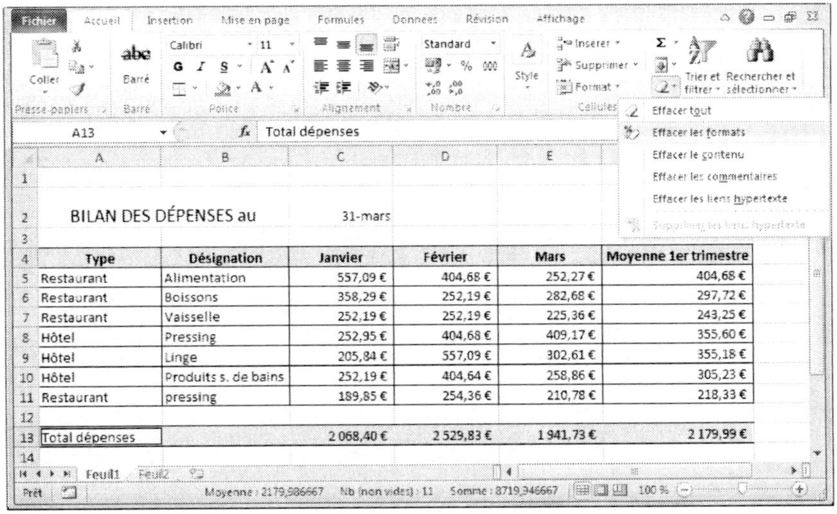

Ici, seul le format des cellules sélectionnées va être effacé.

Créer une formule de calcul simple

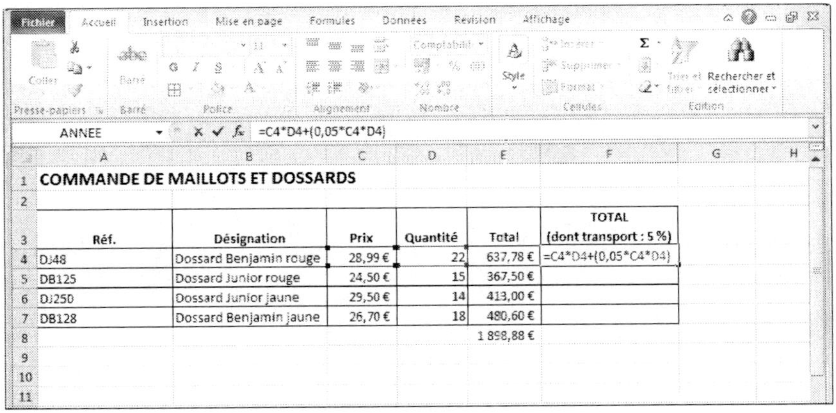

Vous suivez l'évolution de la formule dans la barre de formule ; la formule ci-dessus permet de calculer le coût total de la commande de "Dossard Benjamin rouge" : c'est le prix du dossard multiplié par sa quantité, plus 5% de son prix multiplié par sa quantité.

Additionner un ensemble de cellules

Activer la cellule dans laquelle le résultat doit apparaître.

Cliquez sur l'outil **Somme** [Σ] du groupe **Édition** de l'onglet **Accueil** ou tapez [Alt] **=**.

*Vous retrouvez ce bouton également dans l'onglet **Formules,** groupe **Bibliothèque de fonctions**.*

Si la sélection des cellules n'est pas satisfaisante, modifiez-la à l'aide d'un cliqué-glissé sur les cellules concernées.

Validez par la touche [Entrée] ou cliquez sur le bouton **Entrer** [✓].

Lorsque vous sélectionnez une plage de cellules contenant des valeurs numériques, Excel affiche, par défaut, la somme de ces valeurs dans la barre d'état.

Additionner un ensemble de cellules

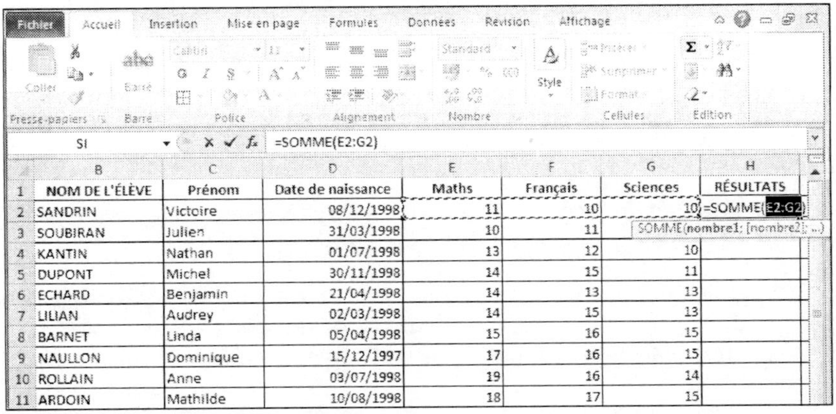

	B	C	D	E	F	G	H
1	NOM DE L'ÉLÈVE	Prénom	Date de naissance	Maths	Français	Sciences	RÉSULTATS
2	SANDRIN	Victoire	08/12/1998	11	10	10	=SOMME(E2:G2)
3	SOUBIRAN	Julien	31/03/1998	10	11		
4	KANTIN	Nathan	01/07/1998	13	12	10	
5	DUPONT	Michel	30/11/1998	14	15	11	
6	ECHARD	Benjamin	21/04/1998	14	13	13	
7	LILIAN	Audrey	02/03/1998	14	15	13	
8	BARNET	Linda	05/04/1998	15	16	15	
9	NAULLON	Dominique	15/12/1997	17	16	15	
10	ROLLAIN	Anne	03/07/1998	19	16	14	
11	ARDOIN	Mathilde	10/08/1998	18	17	15	

Excel affiche une fonction intégrée appelée SOMME() et propose d'additionner un groupe de cellules.

Créer une formule contenant une fonction

Activez la cellule où vous souhaitez afficher le résultat.

Cliquez sur le bouton **Insérer une fonction** [fx], situé dans la barre de formule ou dans l'onglet **Formules** ou faites [⇧ Shift] [F3].

Dans la boîte de dialogue **Insérer une fonction**, utilisez la liste déroulante **Ou sélectionnez une catégorie** si vous souhaitez afficher une catégorie particulière de fonctions.

*La catégorie **Les dernières utilisées** affiche la liste des dernières fonctions que vous avez utilisées ainsi que les plus courantes. La catégorie **Tous** affiche toutes les fonctions disponibles.*

Pour rechercher une fonction particulière, vous pouvez saisir dans la zone **Recherchez une fonction** soit le nom exact de la fonction, soit une description de l'utilisation que vous souhaitez en faire puis valider la recherche par le bouton **OK** situé dans la partie supérieure ou par la touche [Entrée].

Cliquez sur la fonction recherchée dans le cadre **Sélectionnez une fonction** pour la sélectionner.

Si nécessaire, cliquez sur le lien **Aide sur cette fonction** pour afficher l'aide de Office Excel sur la fonction sélectionnée.

Cliquez sur le bouton **OK** pour activer la boîte de dialogue **Arguments de la fonction**.

Pour définir chaque argument de la fonction :

- cliquez dans la zone de saisie correspondante puis cliquez sur le bouton [ ],
- sélectionnez dans la feuille de calcul, la ou les cellules correspondant à l'argument,
- cliquez sur le bouton [ ] pour afficher de nouveau la boîte de dialogue.

Cliquez sur le bouton **OK** lorsque les arguments ont été définis.

Pour insérer des fonctions en utilisant l'Assistant, vous pouvez aussi activer l'onglet **Formules** et cliquer sur l'un des boutons du groupe **Bibliothèque de fonctions** (qui regroupent les fonctions par type) puis cliquer sur la fonction concernée.

Pour rechercher la liste des fonctions d'Excel classées par catégorie, vous pouvez aussi cliquer sur le bouton **Aide** [ ], afficher, si besoin, la **Table des matières** [ ] et cliquer sur la rubrique **Références des fonctions**.

Créer une formule contenant une fonction

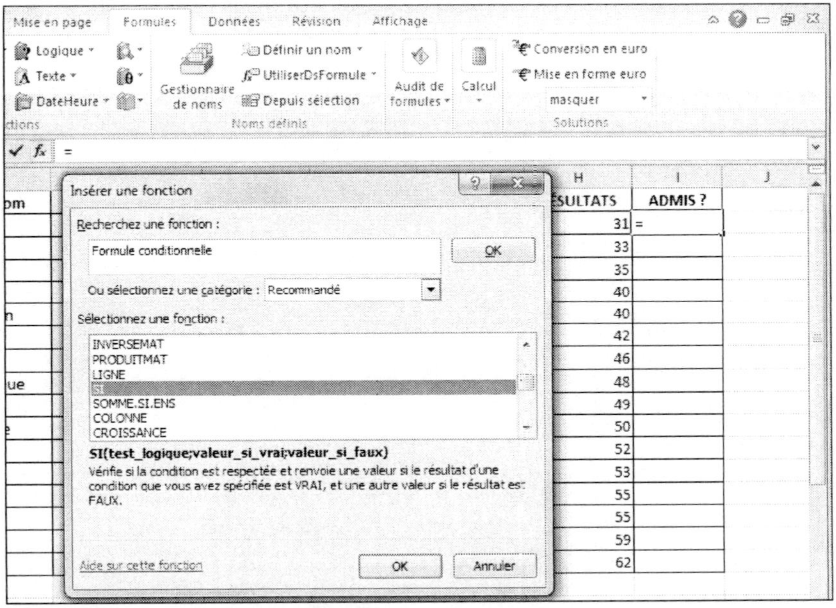

Lorsqu'une fonction est sélectionnée, sa syntaxe et sa description apparaissent en dessous dans la partie inférieure de la boîte de dialogue.

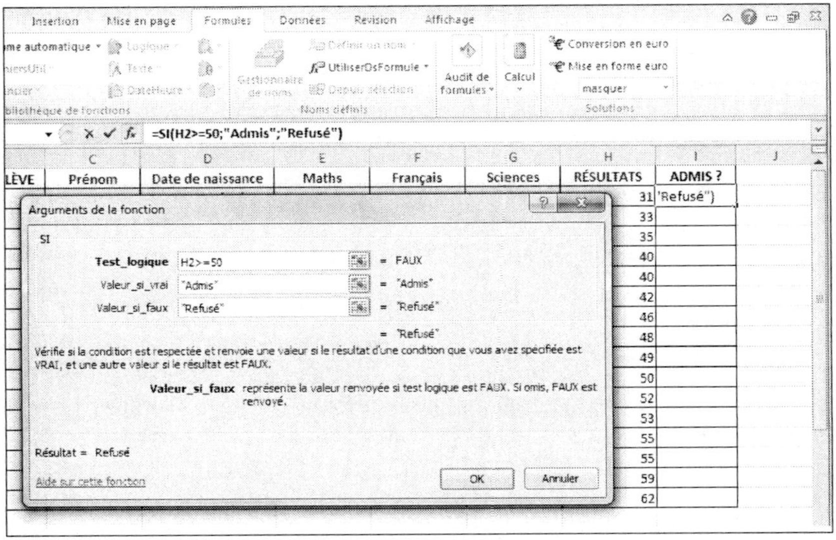

Vous pouvez aussi saisir directement un argument.

Rendre absolue une référence de cellule dans une formule

Cette technique permet de fixer la référence d'une cellule dans une formule de façon à ce que cette référence ne se modifie pas lors de la recopie de la formule.

Commencez à saisir la formule et arrêtez-vous lorsque la cellule concernée par la référence absolue est montrée.
Appuyez sur la touche F4.

➘ Appuyez sur la touche F4 autant de fois que nécessaire afin de rendre absolu l'élément souhaité.

Lorsque vous appuyez sur la touche F4, vous obtenez une référence absolue de cellule ; si vous appuyez sur F4 une seconde fois, seule la référence de la ligne devient absolue ; si vous appuyez sur F4 une troisième fois; c'est alors la référence de la colonne qui devient absolue.

Au besoin, terminez la saisie de la formule puis validez.

Copier une cellule vers des cellules adjacentes

Cette technique permet de recopier rapidement du texte ou des formules.

Activez la cellule à recopier.

Pointez la poignée de recopie.
Nous vous rappelons que cette poignée est le petit carré sombre situé en bas à droite de la cellule active.

Cliquez, et sans relâcher le bouton de la souris, faites glisser celle-ci en direction de la dernière cellule destinatrice de la copie.
Les cellules ainsi "balayées" apparaissent avec des bords hachurés.

Quand la dernière cellule destinatrice est atteinte, relâchez le bouton de la souris.

➘ Pour modifier le type de copie, cliquez sur le bouton **Options de recopie incrémentée**.

Choisissez alors l'option **Ne recopier que la mise en forme** ou l'option **Recopier les valeurs sans la mise en forme**.

Rendre absolue une référence de cellule dans une formule

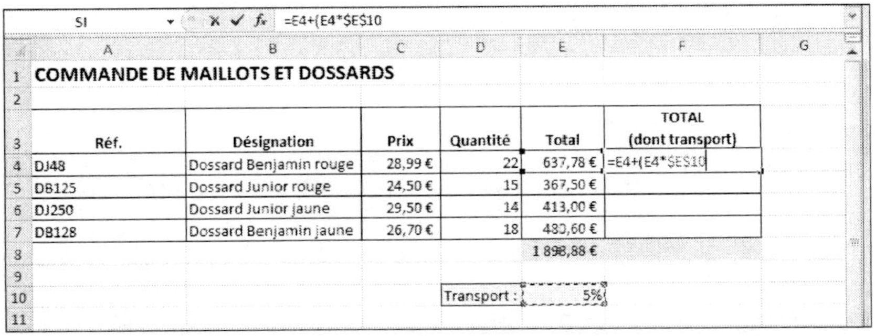

SI =E4+(E4*E10

	A	B	C	D	E	F
1	COMMANDE DE MAILLOTS ET DOSSARDS					
2						
3	Réf.	Désignation	Prix	Quantité	Total	TOTAL (dont transport)
4	DJ48	Dossard Benjamin rouge	28,99 €	22	637,78 €	=E4+(E4*E10
5	DB125	Dossard Junior rouge	24,50 €	15	367,50 €	
6	DJ250	Dossard Junior jaune	29,50 €	14	413,00 €	
7	DB128	Dossard Benjamin jaune	26,70 €	18	480,60 €	
8					1 898,88 €	
9						
10				Transport :	5%	
11						

La référence de la cellule présente maintenant le caractère $ devant la référence de colonne et devant le numéro de ligne.

Copier une cellule vers des cellules adjacentes

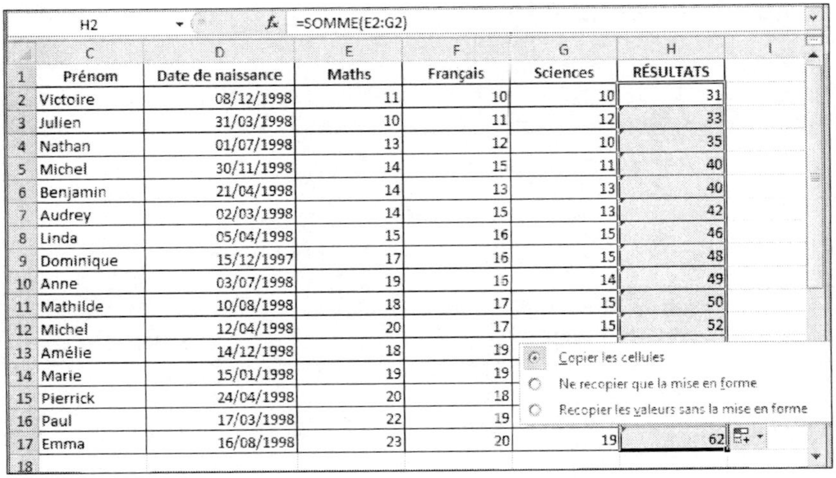

H2 =SOMME(E2:G2)

	C	D	E	F	G	H
1	Prénom	Date de naissance	Maths	Français	Sciences	RÉSULTATS
2	Victoire	08/12/1998	11	10	10	31
3	Julien	31/03/1998	10	11	12	33
4	Nathan	01/07/1998	13	12	10	35
5	Michel	30/11/1998	14	15	11	40
6	Benjamin	21/04/1998	14	13	13	40
7	Audrey	02/03/1998	14	15	13	42
8	Linda	05/04/1998	15	16	15	46
9	Dominique	15/12/1997	17	16	15	48
10	Anne	03/07/1998	19	16	14	49
11	Mathilde	10/08/1998	18	17	15	50
12	Michel	12/04/1998	20	17	15	52
13	Amélie	14/12/1998	18	19		
14	Marie	15/01/1998	19	19		
15	Pierrick	24/04/1998	20	18		
16	Paul	17/03/1998	22	19		
17	Emma	16/08/1998	23	20	19	62
18						

Juste après avoir effectué la copie, le bouton apparaît dans le coin inférieur droit de la plage de cellules copiée.

Copier/déplacer des cellules sans le Presse-papiers

Cette technique est surtout utilisée lorsque vous pouvez visualiser en même temps les cellules à transférer et le lieu de destination.

Sélectionnez les cellules à transférer.

Pointez l'un des bords de la sélection.

La souris prend alors l'apparence d'une flèche. Attention, ne pointez pas la poignée de recopie.

S'il s'agit d'une recopie, appuyez sur la touche Ctrl et, sans la relâcher, faites un cliqué-glissé vers le lieu de la duplication.

S'il s'agit d'un déplacement de cellules, réalisez un cliqué-glissé vers le lieu de destination.

Insérer des lignes/des colonnes

Pour insérer une seule ligne/colonne, sélectionnez la ligne ou la colonne entière (en cliquant sur le numéro de la ligne ou sur la lettre de la colonne) après laquelle vous souhaitez insérer la nouvelle ; pour insérer plusieurs lignes/colonnes, sélectionnez autant de lignes ou colonnes que vous souhaitez en insérer.

Vous ne pouvez pas sélectionner à la fois des lignes et des colonnes.

Activez l'onglet **Accueil** et cliquez sur le bouton **Insérer** du groupe **Cellules** ou utilisez le raccourci-clavier Ctrl **+** ou encore activez l'option **Insertion** du menu contextuel de la sélection.

Pour modifier la mise en forme de l'élément ajouté, cliquez sur le bouton et choisissez l'option **Format identique à celui du dessous/dessus** (pour une ligne), l'option **Format identique à celui de gauche/de droite** (pour une colonne) ou l'option **Effacer la mise en forme**.

Copier/déplacer des cellules sans le Presse-papiers

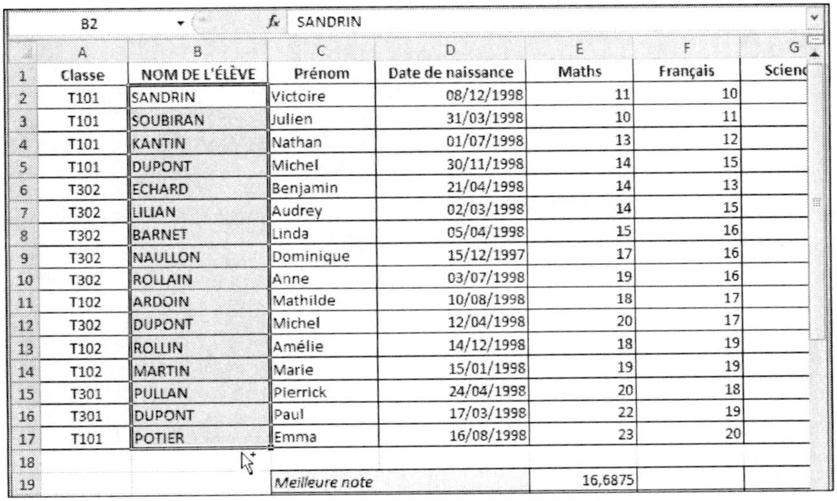

	A	B	C	D	E	F	G
1	Classe	NOM DE L'ÉLÈVE	Prénom	Date de naissance	Maths	Français	Scienc
2	T101	SANDRIN	Victoire	08/12/1998	11	10	
3	T101	SOUBIRAN	Julien	31/03/1998	10	11	
4	T101	KANTIN	Nathan	01/07/1998	13	12	
5	T101	DUPONT	Michel	30/11/1998	14	15	
6	T302	ECHARD	Benjamin	21/04/1998	14	13	
7	T302	LILIAN	Audrey	02/03/1998	14	15	
8	T302	BARNET	Linda	05/04/1998	15	16	
9	T302	NAULLON	Dominique	15/12/1997	17	16	
10	T302	ROLLAIN	Anne	03/07/1998	19	16	
11	T102	ARDOIN	Mathilde	10/08/1998	18	17	
12	T302	DUPONT	Michel	12/04/1998	20	17	
13	T102	ROLLIN	Amélie	14/12/1998	18	19	
14	T102	MARTIN	Marie	15/01/1998	19	19	
15	T301	PULLAN	Pierrick	24/04/1998	20	18	
16	T301	DUPONT	Paul	17/03/1998	22	19	
17	T101	POTIER	Emma	16/08/1998	23	20	
18							
19			*Meilleure note*		16,6875		

Lorsque vous appuyez sur la touche Ctrl, un petit signe + apparaît à côté du pointeur de la souris.

Insérer des lignes/des colonnes

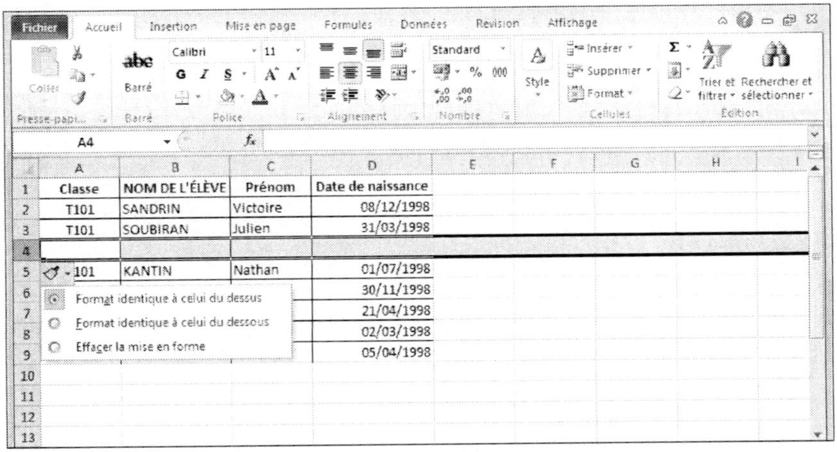

	A	B	C	D
1	Classe	NOM DE L'ÉLÈVE	Prénom	Date de naissance
2	T101	SANDRIN	Victoire	08/12/1998
3	T101	SOUBIRAN	Julien	31/03/1998
4				
5	T101	KANTIN	Nathan	01/07/1998
6				30/11/1998
7				21/04/1998
8				02/03/1998
9				05/04/1998

Lorsque vous insérez une ligne (ou une colonne), l'élément ajouté reprend la mise en forme de l'élément précédent ; l'outil apparaît à côté de l'élément ajouté.

Supprimer des lignes/des colonnes

Sélectionnez les lignes (ou les colonnes) entières à supprimer en sélectionnant leurs numéros de lignes (ou lettres de colonnes).

Activez l'onglet **Accueil** et cliquez sur l'outil **Supprimer** du groupe **Cellules** ou utilisez le raccourci-clavier Ctrl - ou encore activez l'option **Supprimer** du menu contextuel de la sélection.

Excel met à jour les formules de calcul contenant des fonctions en corrigeant les références des cellules décalées de façon à ce qu'elles correspondent aux nouveaux emplacements ; une formule qui fait référence à une cellule supprimée affiche la valeur d'erreur #REF !

Modifier la largeur de colonne/hauteur de ligne

Sélectionnez chaque colonne concernée par une même largeur ou chaque ligne concernée par une même hauteur ; si une seule colonne ou une seule ligne est concernée, inutile de la sélectionner.

Pointez le trait vertical situé à droite de la lettre de l'une des colonnes concernées (ou le trait horizontal situé au-dessous du chiffre de l'une des lignes).

Remarquez le nouvel aspect du pointeur de la souris.

Faites alors un cliqué-glissé sans relâcher le bouton de la souris.

Relâchez le bouton de la souris lorsque la largeur (hauteur) vous convient.

Pour ajuster une largeur de colonne, c'est-à-dire pour adapter la largeur de la colonne en fonction de son entrée la plus longue, faites un double clic sur le trait vertical situé à droite de la lettre de la colonne concernée.

Pour ajuster une hauteur de ligne, c'est-à-dire pour adapter la hauteur de la ligne en fonction de son entrée la plus haute, faites un double clic sur le trait horizontal situé au-dessous du numéro de la ligne concernée.

La largeur d'une colonne est calculée en nombre de caractères (et en pixels) et la hauteur de ligne en points (et en pixels).

Supprimer des lignes/des colonnes

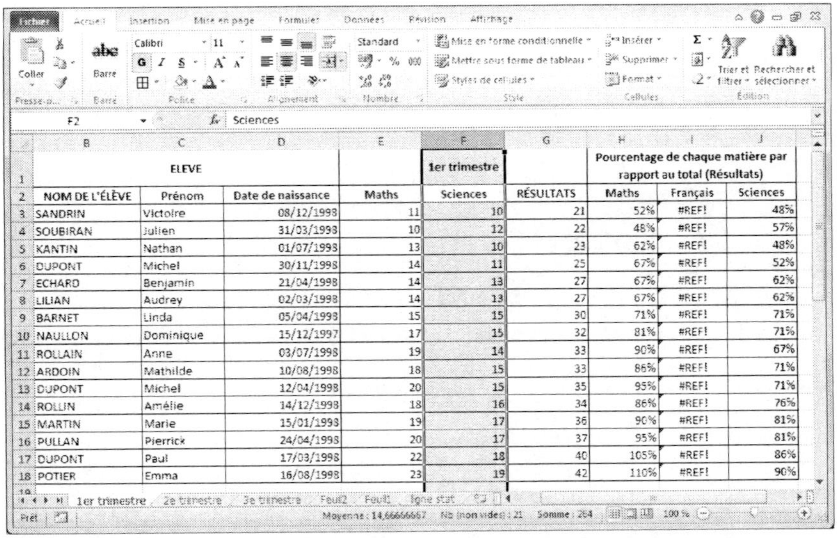

Sur cet exemple, la colonne contenant les notes de Français (auparavant en colonne F) a été supprimée : la fonction SOMME() contenue dans la colonne **RÉSULTATS**, qui calcule la somme des notes de chaque matière, est mise à jour ; par contre, les formules calculant les pourcentages font référence à des cellules supprimées et affichent donc des valeurs d'erreur.

Modifier la largeur de colonne/hauteur de ligne

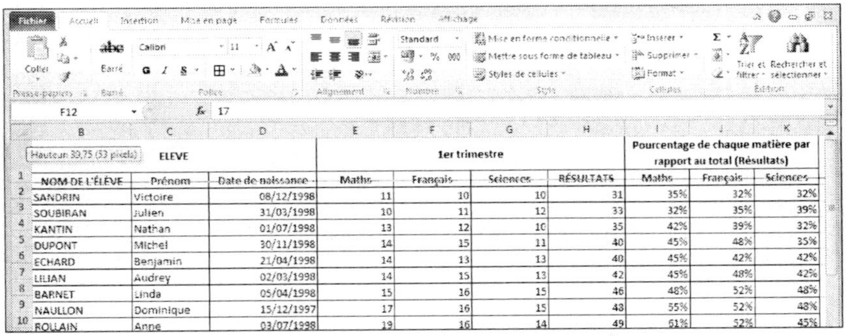

La nouvelle largeur ou, comme ici, hauteur est matérialisée par un trait pointillé et la valeur atteinte est affichée dans une info-bulle.

Modifier la police et/ou la taille des caractères

Sélectionnez les cellules concernées ou les caractères concernés dans une cellule.

Activez l'onglet **Accueil**.

Pour modifier la police, ouvrez la liste **Police** du groupe **Police** ; pour modifier la taille, ouvrez la liste **Taille de police** de ce même groupe.

Faites glisser la souris, sans cliquer, sur la police ou la taille souhaitée.

Cliquez sur la police ou la taille souhaitée.

Vous pouvez aussi cliquer sur le lanceur de boîte de dialogue du groupe **Police** pour ouvrir la boîte de dialogue **Format de cellule** (ou Ctrl Shift **1**) et faire vos choix dans l'onglet **Police**.

Pour augmenter ou diminuer la taille des caractères d'un point, cliquez sur l'outil **Augmenter la taille de la police** ou l'outil **Diminuer la taille de la police**.

Appliquer l'attribut Gras, Souligné, Italique

Sélectionnez les cellules concernées ou les caractères concernés dans une cellule.

Activez, si besoin, l'onglet **Accueil**.

Pour appliquer l'attribut **gras**, cliquez sur l'outil **Gras** G ou faites Ctrl **G** ou Ctrl Shift **2**.

Pour appliquer l'attribut *italique*, cliquez sur l'outil **Italique** *I* ou faites Ctrl **I** ou Ctrl Shift **3**.

Pour appliquer l'attribut souligné simple, cliquez sur l'outil **Souligner** S ou faites Ctrl **U** ou Ctrl Shift **4**.

Pour appliquer l'attribut double souligné, ouvrez la liste associée à l'outil **Souligner** S et activez l'option **Double souligné**.

Pour annuler une mise en valeur, exécutez une seconde fois l'une des manipulations précédentes sur la sélection voulue.

Plusieurs mises en valeur peuvent être appliquées à une même sélection.

Modifier la police et/ou la taille des caractères

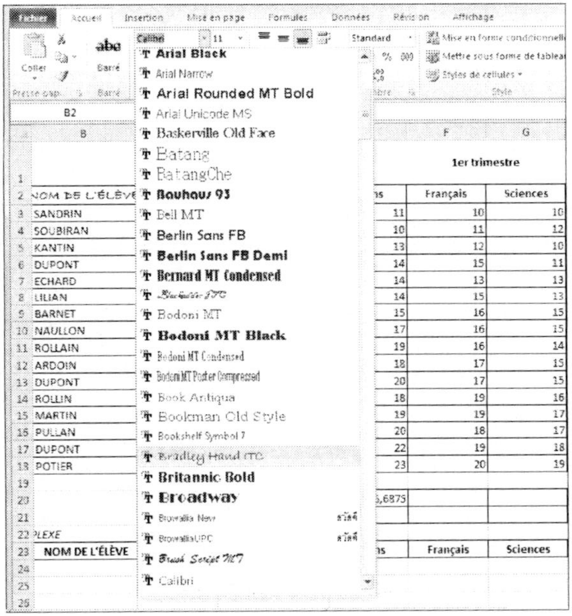

Lorsque vous faites glisser la souris sans cliquer dans la liste des polices ou des tailles, vous visualisez immédiatement l'effet produit sur la sélection dans la feuille de calcul.

Appliquer l'attribut Gras, Souligné, Italique

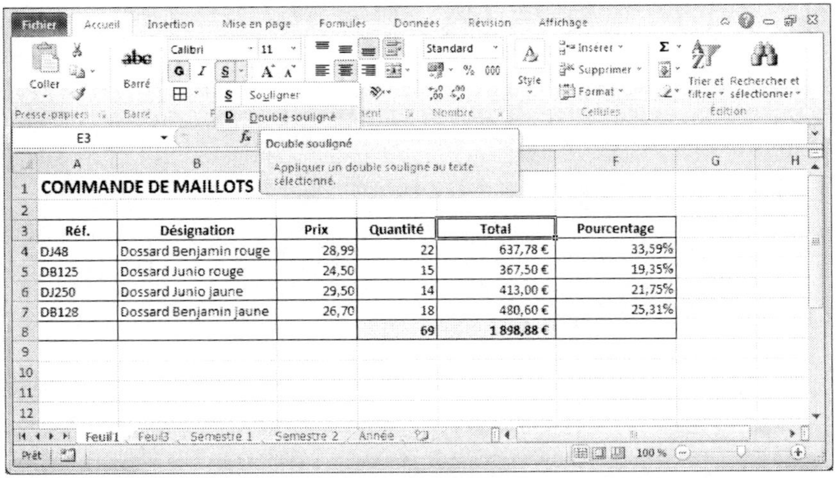

Vous pouvez attribuer des mises en valeur sur différentes plages de cellules simultanément.

Changer la couleur des caractères

Sélectionnez les cellules concernées ou les caractères concernés dans une cellule.

Activez, si besoin, l'onglet **Accueil** et ouvrez la liste associée à l'outil **Couleur de police** du groupe **Police**.

Cliquez sur la couleur attendue.

La couleur sélectionnée s'affiche sur l'outil **Couleur de police** : pour appliquer cette couleur à un autre texte, il suffit de cliquer directement sur l'outil, sans ouvrir la liste.

Mettre en valeur des caractères avec la mini-barre d'outils

Activez la cellule contenant les caractères à modifier.

Sélectionnez les caractères concernés dans la cellule (et non pas dans la barre de formule).

Pointez la mini-barre d'outils puis cliquez sur l'outil que vous souhaitez activer.

La mini-barre d'outils s'affiche si l'option **Afficher la mini-barre d'outils lors de la sélection** de la boîte de dialogue **Options Excel** (onglet **Fichier** - **Options** - catégorie **Général**) est active.

Changer la couleur des caractères

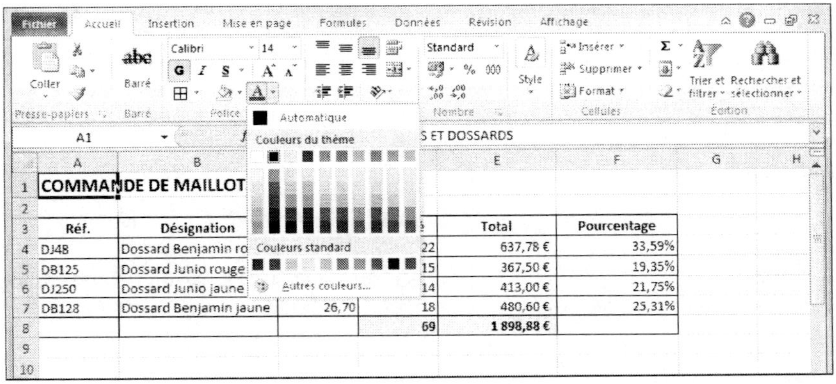

L'option **Autres couleurs** permet de créer une couleur personnalisée.

Mettre en valeur des caractères avec la mini-barre d'outils

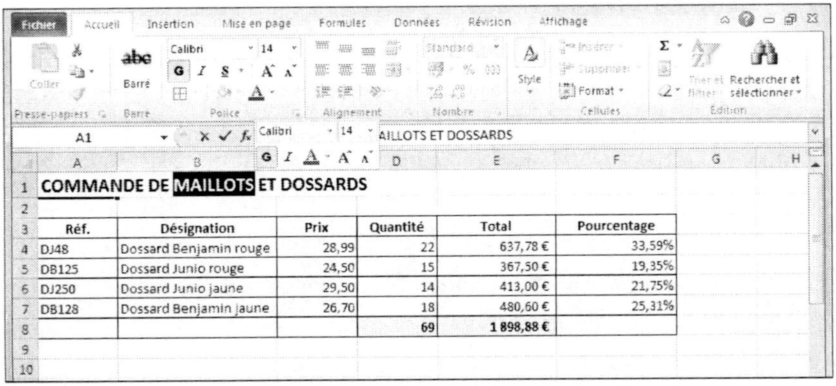

Une barre d'outils miniature semi-transparente appelée **mini-barre d'outils** apparaît lorsque vous faites bouger légèrement la souris. Cette mini-barre d'outils vous permet de modifier la police, la taille de la police, la mise en valeur Gras et Italique ainsi que la couleur du texte.

Appliquer un format prédéfini sur des nombres

Sélectionnez les cellules contenant les nombres à formater puis activez, si besoin, l'onglet **Accueil**.

Pour appliquer rapidement le format monétaire, pourcentage ou milliers, cliquez respectivement sur l'outil , l'outil % ou sur l'outil 000.

*Lorsque vous appliquez le format **Pourcentage**, les nombres concernés sont multipliés par 100 afin d'être convertis en pourcentages.*

Pour appliquer un autre format, cliquez sur la liste **Format de nombre** du groupe **Nombre**.

- Pour formater des valeurs numériques, cliquez sur le format **Nombre, Monétaire, Comptabilité, Pourcentage, Fraction** ou **Scientifique** ; pour formater des dates, cliquez sur le format **Date courte** ou **Date longue** ; pour formater des heures, cliquez sur le format **Heure**.

  Si besoin est, augmentez ou diminuez le nombre de décimales en cliquant sur l'outil **Ajouter une décimale** ou sur l'outil **Réduire les décimales** .

Des dièses apparaissent dans certaines cellules lorsque la largeur de la colonne est insuffisante pour afficher le format demandé ; dans ce cas, élargissez la colonne concernée.

Aligner le contenu des cellules

Sélectionnez les cellules concernées puis activez, si besoin, l'onglet **Accueil**.

- Pour modifier l'alignement vertical du contenu des cellules par rapport à la hauteur de la ligne, cliquez sur l'outil **Aligner en haut** ,**Aligner au centre** ou **Aligner en bas** du groupe **Alignement**.

  Pour modifier l'alignement horizontal du contenu des cellules par rapport à la largeur de la colonne, cliquez sur l'outil **Aligner à gauche** , **Centrer** ou **Aligner à droite** .

  Pour justifier le contenu d'une cellule, cliquez sur le lanceur de boîte de dialogue du groupe **Alignement** de l'onglet **Accueil** puis ouvrez la liste **Horizontal** et sélectionnez l'option **Distribué (Retrait)** pour justifier le texte en largeur et/ou ouvrez la liste **Vertical** et sélectionnez l'option **Justifié** pour justifier le texte en hauteur.

Appliquer un format prédéfini sur des nombres

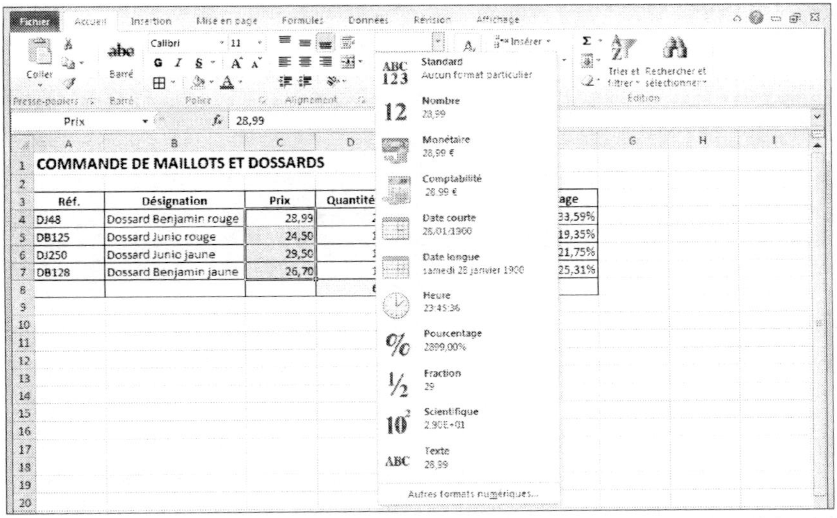

La liste des principaux formats proposés par Excel apparaît. L'option **Standard** permet de réinitialiser le format des nombres.

Aligner le contenu des cellules

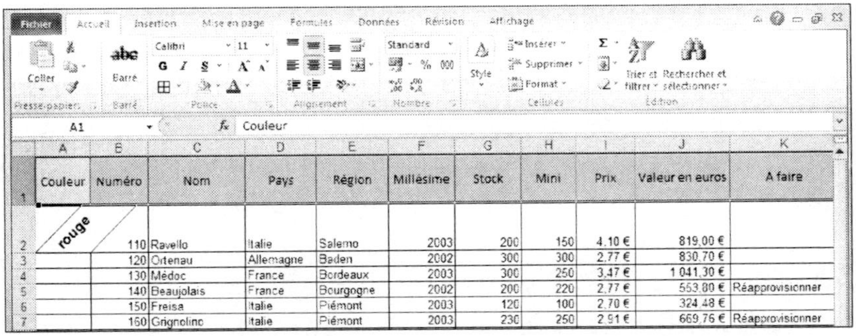

Les cellules sélectionnées ici (ligne 1) sont centrées verticalement et horizontalement : les outils correspondant sont sélectionnés dans le groupe **Alignement** de l'onglet **Accueil**.

Appliquer des bordures prédéfinies aux cellules

Par défaut, aucune cellule n'est encadrée par des traits. La grille que vous visualisez ne s'imprime pas si vous ne le précisez pas.

Sélectionnez les cellules concernées par une même bordure et activez, si besoin est, l'onglet **Accueil**.

Pour choisir la couleur de la bordure, ouvrez la liste associée à l'outil du groupe **Police** et faites glisser la souris sur l'option **Couleur de ligne** afin de cliquer sur la pastille de couleur souhaitée.

Pour choisir le type de la bordure, ouvrez à nouveau la liste associée à l'outil et faites glisser la souris sur l'option **Style de trait** puis cliquez sur le style voulu.

Pour appliquer une bordure prédéfinie, ouvrez la liste associée à l'outil.

Cliquez sur le type de bordure souhaité parmi les options proposées dans la liste **Bordures**.

L'outil présente maintenant le dessin de la dernière bordure choisie.

La dernière bordure appliquée s'affiche sur l'outil ; pour l'appliquer sur une nouvelle sélection, il suffit de cliquer sur l'outil, sans ouvrir sa liste.

Appliquer une couleur de fond aux cellules

Sélectionnez les cellules concernées.

Activez l'onglet **Accueil** et ouvrez la liste associée à l'outil **Couleur de remplissage** du groupe **Police**.

Cliquez sur la couleur attendue parmi les **Couleurs du thème** ou les **Couleurs standard**.

Pour sélectionner une couleur supplémentaire, activez l'option **Autres couleurs** ; dans la boîte de dialogue **Couleurs** qui apparaît, choisissez parmi les deux manipulations suivantes :

- Dans l'onglet **Standard**, cliquez sur la pastille de couleur à appliquer,
- Dans l'onglet **Personnalisées**, utilisez le curseur de couleur ou les zones **Rouge**, **Vert**, **Bleu** pour créer votre propre couleur.

Cliquez sur le bouton **OK** de la boîte de dialogue **Couleurs**.

*Les couleurs sélectionnées dans la boîte de dialogue Couleurs apparaissent par la suite dans une zone nommée **Couleurs utilisées récemment** de la liste associée à l'outil.*

La dernière couleur appliquée s'affiche sur l'outil ; pour l'appliquer sur une nouvelle sélection, il suffit de cliquer sur l'outil, sans ouvrir sa liste.

Appliquer des bordures prédéfinies aux cellules

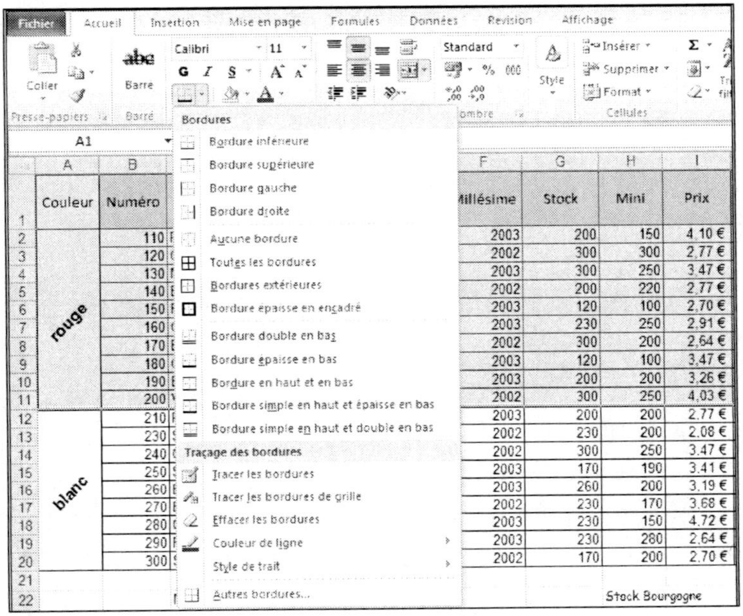

L'option **Aucune bordure** permet de supprimer toutes les bordures de la sélection active.

Appliquer une couleur de fond aux cellules

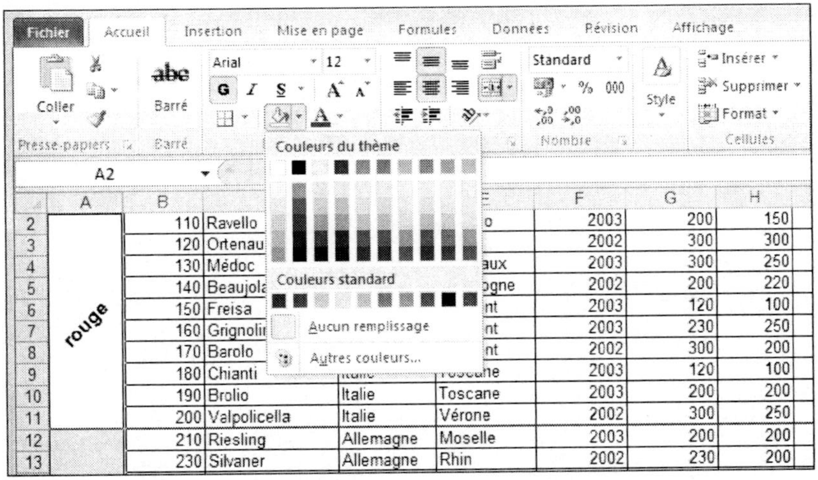

L'option **Aucun remplissage** permet d'annuler une couleur de fond sur une sélection de cellules.

Utiliser l'aperçu avant impression

Il s'agit de visualiser les feuilles du classeur telles qu'elles seront imprimées.

Activez la feuille à visualiser.

Cliquez sur l'onglet **Fichier** puis sur le bouton **Imprimer** ou faites Ctrl F2.

Pour zoomer un aperçu, cliquez sur l'icône **Zoom sur la page** située en bas à droite.

Pour revenir en vision réduite, cliquez de nouveau sur l'icône **Zoom sur la page**.

Pour afficher une autre page, utilisez les flèches en regard des numéros de page.

Pour afficher plusieurs feuilles de calcul, ouvrez la première liste des **Paramètres** puis cliquez sur l'option **Imprimer le classeur entier** .

Pour modifier les marges et largeurs des colonnes, cliquez sur l'icône **Afficher les marges** située en bas à droite de l'aperçu.

Faites glisser la poignée de votre choix.

Pour lancer l'impression, vérifiez les options d'impression puis cliquez sur le bouton **Imprimer**.

Pour quitter l'aperçu sans lancer l'impression, activez un autre onglet que l'onglet **Fichier** ou appuyez sur la touche Echap .

Les options **Paramètres** de la partie centrale de la fenêtre permettent de modifier directement les options de mise en page (orientation, format du papier...) (cf. Imprimer un classeur/une feuille/une sélection).

Utiliser l'aperçu avant impression

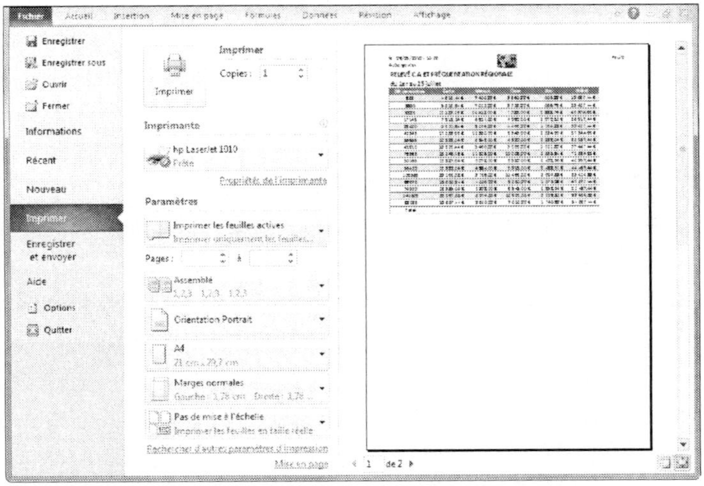

L'image réduite de la feuille telle qu'elle sera imprimée est proposée dans la partie droite de la fenêtre. Si votre imprimante ne gère pas les couleurs, l'aperçu apparaît en noir et blanc. Excel affiche sous l'aperçu le numéro de la page en cours et le nombre total de pages qui seront imprimées.

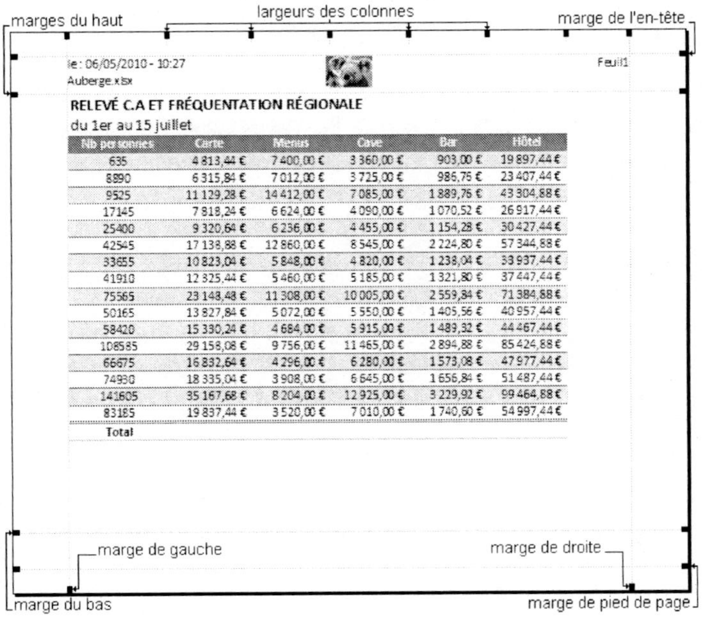

RELEVÉ C.A ET FRÉQUENTATION RÉGIONALE

du 1er au 15 juillet

Nb personnes	Carte	Menus	Cave	Bar	Hôtel
635	4 813,44 €	7 400,00 €	3 360,00 €	903,00 €	19 897,44 €
8890	6 315,84 €	7 012,00 €	3 725,00 €	986,75 €	23 407,44 €
9525	11 129,28 €	14 412,00 €	7 085,00 €	1 889,76 €	43 304,88 €
17145	7 818,24 €	6 624,00 €	4 090,00 €	1 070,52 €	26 917,44 €
25400	9 320,64 €	6 236,00 €	4 455,00 €	1 154,28 €	30 427,44 €
42545	17 138,88 €	12 860,00 €	8 545,00 €	2 224,80 €	57 344,88 €
33655	10 823,04 €	5 848,00 €	4 820,00 €	1 238,04 €	33 937,44 €
41910	12 325,44 €	5 460,00 €	5 185,00 €	1 321,80 €	37 447,44 €
75565	23 148,48 €	11 308,00 €	10 005,00 €	2 559,84 €	71 384,88 €
50165	13 827,84 €	5 072,00 €	5 550,00 €	1 405,56 €	40 957,44 €
58420	15 330,24 €	4 684,00 €	5 915,00 €	1 489,32 €	44 467,44 €
108585	29 158,08 €	9 756,00 €	11 465,00 €	2 894,88 €	85 424,88 €
66675	16 832,64 €	4 296,00 €	6 280,00 €	1 573,08 €	47 977,44 €
74930	18 335,04 €	3 908,00 €	6 645,00 €	1 656,84 €	51 487,44 €
141605	35 167,68 €	8 204,00 €	12 925,00 €	3 229,92 €	99 464,88 €
83185	19 837,44 €	3 520,00 €	7 010,00 €	1 740,60 €	54 997,44 €
Total					

Lorsque l'option **Afficher les marges** est active, différentes poignées font leur apparition.

Imprimer un classeur/une feuille/une sélection

Cliquez sur l'onglet **Fichier** puis sur l'option **Imprimer** ou faites Ctrl P.

Pour sélectionner une autre imprimante que celle définie par défaut, ouvrez la liste **Imprimante** puis cliquez sur l'imprimante de votre choix.

Pour imprimer uniquement les éléments sélectionnés dans la feuille active, ouvrez la première liste déroulante des **Paramètres** puis cliquez sur l'option **Imprimer la sélection**.

*Vous pouvez aussi **Imprimer les feuilles actives** ou **Imprimer le classeur entier**.*

Si la feuille de calcul contient des zones d'impression et que Excel ne doit pas en tenir compte, ouvrez la première liste déroulante des **Paramètres** puis cliquez sur l'option **Ignorer la zone d'impression**.

Pour imprimer un groupe de pages, saisissez le numéro de la première et de la dernière page dans les champs **Pages**.

Si vous désirez plusieurs exemplaires de votre impression, dans le cadre **Copies** (à droite du bouton **Imprimer**), saisissez le nombre de copies souhaité.

Si votre impression comporte plusieurs pages et que vous en demandez plusieurs exemplaires, l'option **Assemblé** dans la liste des **Paramètres** permet l'impression d'un exemplaire complet avant l'impression de la première page de l'exemplaire suivant.

Pour modifier les options de mise en page (orientation, format de papier, marges), utilisez les listes déroulantes **Paramètres** puis choisissez les options souhaitées.

Si vous souhaitez imprimer une feuille de calcul entière sur une seule page, vous pouvez la mettre à l'échelle. Pour cela, ouvrez la dernière liste des **Paramètres** puis cliquez sur l'option correspondant à vos attentes.

Lorsque tous les paramètres ont été définis, cliquez sur le bouton **Imprimer** pour lancer l'impression.

Pour lancer une impression de la feuille active selon les paramètres de mise en page actifs, cliquez sur l'outil **Impression rapide** situé sur la barre d'outils **Accès rapide** ; si cet outil n'apparaît pas, ajoutez-le en cliquant sur le bouton **Personnaliser la barre d'outils Accès rapide** et en activant l'option **Impression rapide**.

Imprimer un classeur/une feuille/une sélection

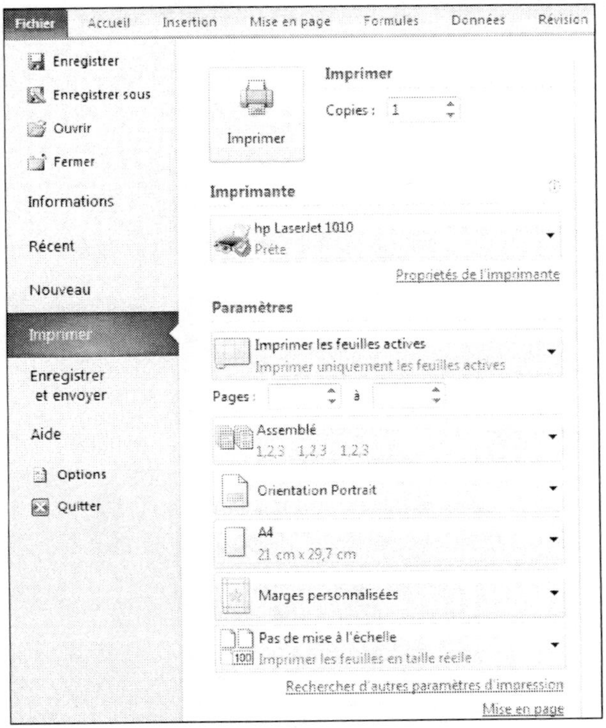

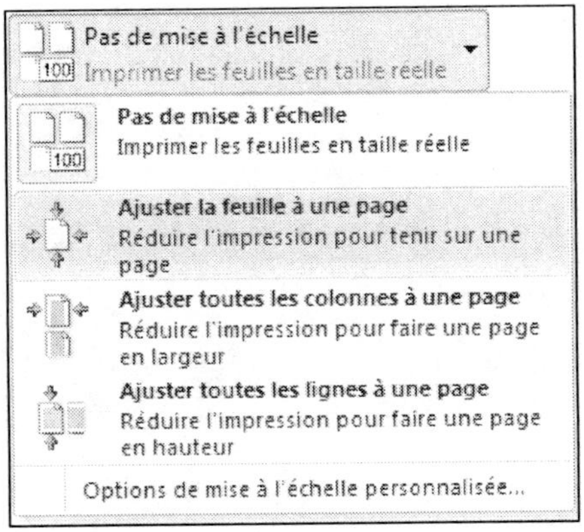

NOTES PERSONNELLES

Partie 4

L'EXPLORATEUR WINDOWS

Votre dossier personnel et l'Explorateur de documents

Windows 7 crée à chaque utilisateur un dossier personnel unique dans lequel il peut stocker tous ses fichiers. Pour en faciliter la gestion, Windows 7 y intègre des **Bibliothèques** (**Documents**, **Images**, **Musique** et **Vidéos**). Le nom du dossier personnel correspond au nom d'utilisateur utilisé pour ouvrir la session sur votre ordinateur, et ce nom apparaît en haut à droite du menu **Démarrer**. Pour afficher immédiatement le contenu de votre dossier personnel dans une fenêtre Explorateur, vous pouvez cliquer sur le bouton **Démarrer** puis sur le **Nom de l'utilisateur**. Pour accéder à un des sous-dossiers **Documents, Images, Musique, Jeux**, vous pouvez cliquer sur l'option correspondante du menu **Démarrer**.

Windows 7 a également prévu un dossier Public (**Documents publics**, **Images publiques**...) pour les fichiers que vous souhaitez partager avec les autres utilisateurs de l'ordinateur.

Chaque utilisateur peut à loisir créer ses propres dossiers et sous-dossiers.

La fenêtre Explorateur est composée de divers éléments :

1. la **barre de titre** contient :
   - (a) Les **boutons de navigation** pour visualiser la page précédemment affichée ou la page suivante.
   - (b) La **barre d'adresses** dans laquelle apparaît sous forme de liens le nom du dossier ouvert (ici Bibliothèques). Si la largeur de la fenêtre n'est pas suffisante pour afficher le chemin complet de l'emplacement, le ou les premiers éléments sont remplacés par des chevrons.

   - (c) La **zone de recherche rapide** permet de filtrer le contenu du dossier.
   - (d) (e) (f) Les boutons **Réduire**, **Agrandir**, **Fermer**.
2. La **barre d'outils** ou de **contrôles de menu**. Le contenu de cette barre varie selon le type de fichiers contenus dans le dossier ouvert. La flèche associée à l'option (texte ou image) indique qu'il s'agit d'un contrôle de menu, c'est-à-dire d'un menu déroulant.

   À droite de cette barre, l'outil  permet de changer l'affichage du volet central, et l'outil  ou  affiche ou masque le volet de visualisation.

Votre dossier personnel et l'Explorateur de documents

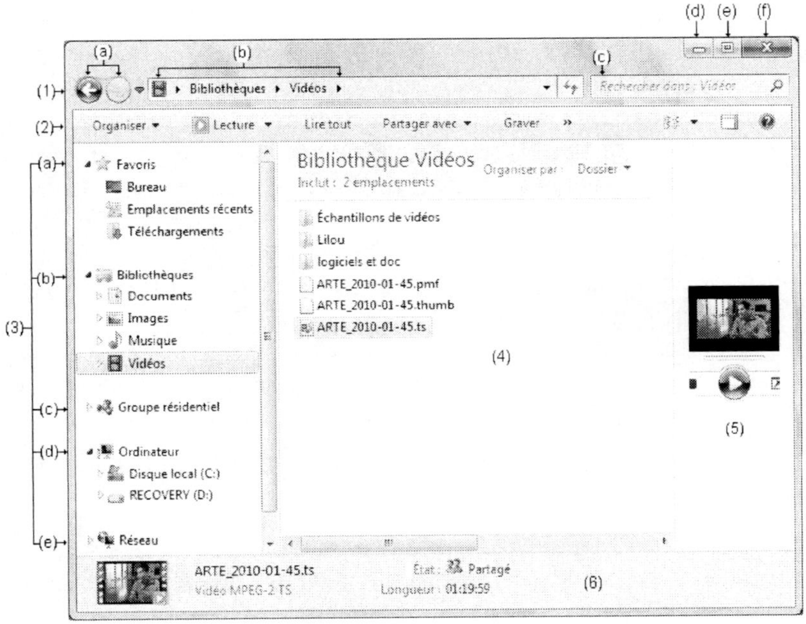

3. Le **volet de navigation** contient différents groupes :
   (a) Le groupe **Favoris** contient par défaut quelques liens définis par Windows. Ces liens permettent un accès rapide au contenu du Bureau et/ou à certains dossiers.
   (b) Le groupe des **Bibliothèques** thématiques (**Documents**, **Images**, **Musique**, **Vidéos**) contient des liens pointant vers des dossiers qui peuvent être stockés n'importe où dans l'ordinateur ou dans l'un des périphériques de stockage externe (clé USB, disque dur, etc.).
   (c) À partir du lien **Groupe résidentiel**, vous pouvez partager des contenus présents sur votre ordinateur et les autres ordinateurs de votre réseau, s'ils sont également équipés de Windows 7.
   (d) Le lien **Ordinateur** affiche la structure du disque dur. Par défaut, les lecteurs vides, c'est-à-dire ceux qui sont dépourvus de support de stockage, restent cachés tant qu'on n'y aura pas inséré une carte mémoire par exemple.
   (e) Le lien **Réseau** affiche les éléments de votre réseau, vous permettant ainsi d'en visualiser le contenu, ou bien d'y ajouter des périphériques tels qu'une imprimante par exemple.

   Pour afficher le contenu d'un dossier, cliquez sur son nom dans le volet de navigation.

   Un dossier ouvert est précédé du symbole ◢, un dossier contenant des sous-dossiers est précédé du symbole ▷. Pointez le volet de navigation si vous ne les visualisez pas.
4. La **zone d'affichage** liste le contenu du dossier ouvert.
5 Le volet de visualisation permet de regarder le contenu du fichier sélectionné directement depuis l'Explorateur, sans lancer l'application qui lui est associée.
6. Le **volet d'informations** affiche les propriétés les plus courantes du fichier sélectionné.

Pour définir les options d'affichage des dossiers, cliquez sur l'outil **Organiser** puis sur **Options des dossiers et de recherche**.

Activez l'onglet **Affichage**.

Cochez ou décochez les options de votre choix.

Cliquez sur le bouton **Appliquer aux dossiers** si vous souhaitez appliquer les paramètres d'affichage choisis à tous les autres dossiers de même type.

*Le bouton **Réinitialiser les dossiers** permet de rétablir les paramètres d'affichage définis lors de l'installation de Windows.*

Cliquez sur le bouton **OK**.

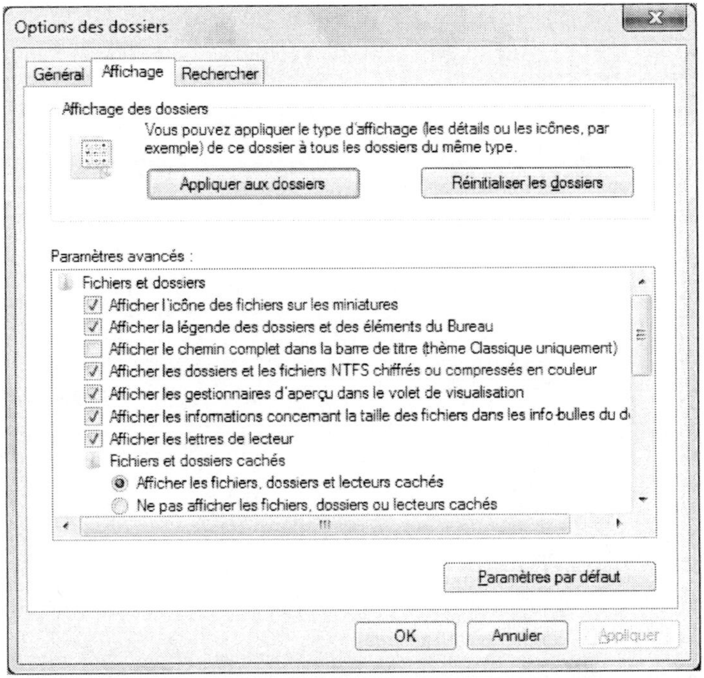

Le bouton **Paramètres par défaut** rétablit toutes les options d'origine de la boîte de dialogue **Options des dossiers**.

Modifier la présentation de la zone d'affichage (fenêtre Explorateur)

Selon le type de fichier affiché, Windows adapte le mode d'affichage.

Pour modifier la taille et l'aspect des icônes des fichiers et dossiers, cliquez sur la flèche associée à l'outil **Changer l'affichage**  puis faites glisser le curseur vers le haut ou vers le bas sur l'un des huit modes.

En cliquant directement sur l'outil **Changer l'affichage**, vous passez de l'un des affichages **Liste**, **Détails**, **Mosaïques**, **Contenu** et **Grandes icônes** à l'autre.

À l'ouverture d'une fenêtre Explorateur de documents, la zone d'affichage présente certaines caractéristiques des dossiers/fichiers sous forme de colonnes dont le nom varie selon le type de documents affichés.

- Pour modifier la largeur d'une colonne, cliquez puis faites glisser (à droitre ou à gauche selon le cas) le trait vertical situé à droite du nom de l'en-tête concerné.

  Pour ajouter/supprimer un en-tête de colonne, faites un clic droit n'importe où sur la zone d'en-têtes afin d'afficher son menu contextuel, puis cliquez sur l'en-tête à ajouter ou a supprimer.

  Le nom et le nombre d'options de ce menu varient selon la fenêtre. Les options actives sont précédées d'une coche.

  Pour déplacer une colonne, faites glisser son en-tête à l'endroit souhaité à l'aide d'un cliqué-glissé.

  Pour trier par ordre croissant les fichiers de la zone d'affichage de la fenêtre Explorateur, cliquez sur le nom de l'en-tête de colonne sur laquelle vous souhaitez effectuer ce tri. Cliquez de nouveau pour effectuer un tri décroissant.

  Lorsqu'un tri a été effectué sur un en-tête de colonne, ce dernier contient une petite flèche et devient bleu 

  .

- Pour modifier l'organisation des fichiers, vous pouvez aussi pointer l'en-tête de colonne sur lequel les critères de tri seront affectés puis cliquer sur la flèche pour afficher son menu contextuel.

  Pour regrouper les fichiers selon un ou plusieurs critères, cochez la ou les options de votre choix.

  Lorsqu'un regroupement a été affecté à la liste, une coche apparaît dans l'en-tête de colonne concerné 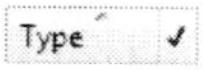

  .

  Pour supprimer le regroupement, cliquez sur la coche pour afficher les options, puis décochez la ou les options de regroupement.

Modifier la présentation de la zone d'affichage (fenêtre Explorateur)

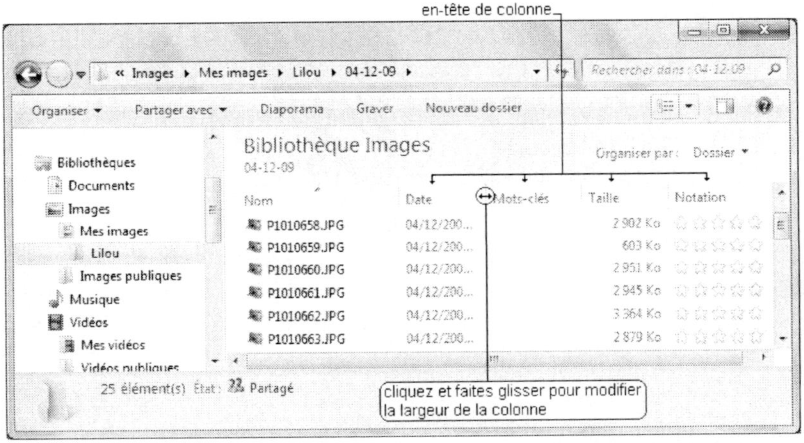

Exemple d'affichage de type Détails. La taille du fichier est exprimée en **kilo-octets (Ko)** (un octet correspond à la place occupée par un caractère).

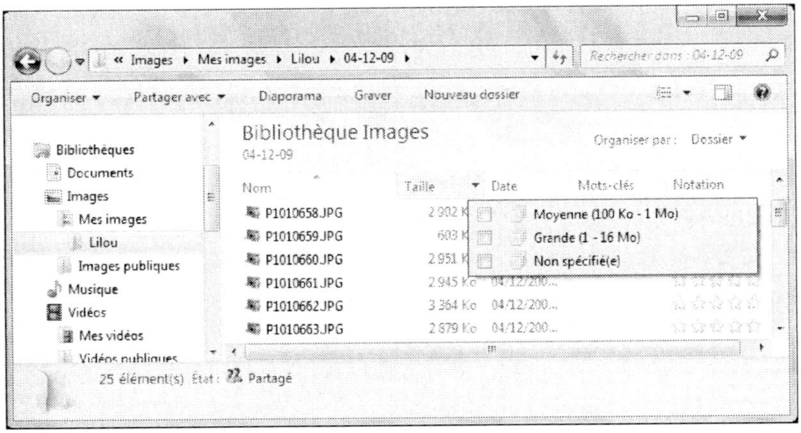

Les options disponibles varient selon les caractéristiques de l'en-tête.

Sélectionner des fichiers ou dossiers dans l'Explorateur

Pour sélectionner des fichiers/des dossiers, ouvrez la fenêtre de dossiers contenant les fichiers/les dossiers à sélectionner.
Si besoin est, modifiez la présentation de la liste des fichiers à l'aide de l'outil **Changer l'affichage** et/ou triez la liste des fichiers en cliquant sur l'en-tête de colonne correspondante.
Pour sélectionner un seul fichier ou dossier, cliquez sur son nom.

- Pour sélectionner plusieurs fichiers/dossiers adjacents, pointez une zone vierge située juste sur la droite du premier nom à sélectionner, cliquez et faites glisser la souris de façon à entourer les noms et les icônes d'un rectangle bleu, puis relâchez la souris lorsque la sélection vous convient.
  Pour étendre la sélection sur des fichiers/dossiers contigus et suivants, appuyez sur la touche Shift puis cliquez sur le dernier fichier à insérer dans la sélection.
  Pour sélectionner un autre groupe de fichiers/dossiers, appuyez sur la touche Shift et réalisez un nouveau cliqué-glissé de façon à encadrer le groupe à ajouter.
  Pour insérer dans la sélection un autre fichier, appuyez sur la touche Ctrl et cliquez sur le fichier.
  Pour sélectionner tous les fichiers/dossiers contenus dans le dossier ouvert, cliquez sur le bouton **Organiser** puis sur l'option **Sélectionner tout** (ou Ctrl **A**).
  Pour désélectionner un ou plusieurs fichiers/dossiers, appuyez sur la touche Ctrl puis cliquez sur le fichier/dossier à retirer de la sélection.
  Pour annuler la sélection de tous les fichiers, cliquez n'importe où dans la fenêtre en dehors d'un nom de fichier/de dossier.

Créer un dossier dans votre dossier personnel

Pour créer un nouveau dossier dans votre dossier personnel, cliquez sur le bouton **Démarrer** puis sur le nom de votre compte utilisateur (en haut à droite du menu **Démarrer**).

Cliquez sur le nom de la bibliothèque dans laquelle vous souhaitez créer le nouveau dossier puis ouvrez si besoin le dossier dans lequel vous allez créer un sous-dossier.

- Cliquez sur le bouton **Nouveau dossier** (ou Ctrl Shift **N**).

  *Vous pouvez aussi cliquer avec le bouton droit sur un espace vierge du volet droit et choisir l'option **Nouveau** puis l'option **Dossier**.*

  *Une nouvelle icône de dossier apparaît : le dossier correspondant est nommé, pour l'instant, **Nouveau dossier** : ce nom est sélectionné.*

  Tapez le nom du nouveau dossier ; ce nom peut comporter jusqu'à 255 caractères, espaces compris. Attention, les caractères \ / ? : * " < > et | sont interdits, mais vous pouvez y insérer des majuscules.

  Appuyez sur la touche Entrée pour valider la création de votre nouveau dossier.

  Le dossier créé est vide pour le moment.

Sélectionner des fichiers ou dossiers dans l'Explorateur

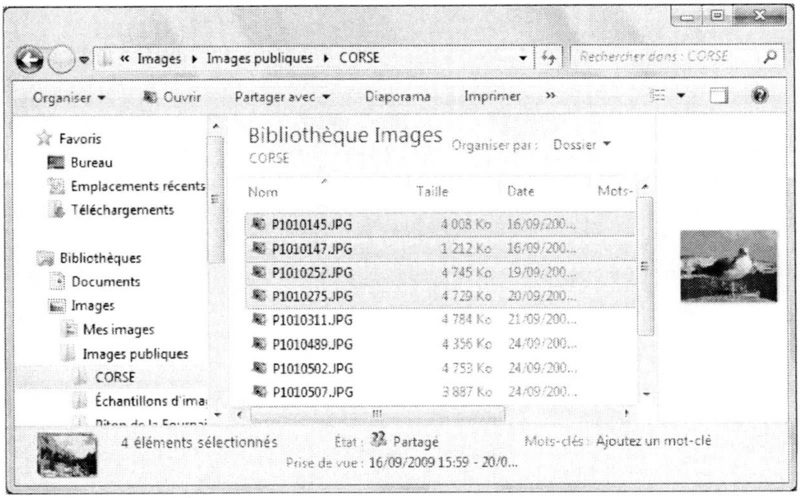

Durant le cliqué-glissé, la sélection est encadrée de bleu et apparaît sur fond coloré.

Créer un dossier dans votre dossier personnel

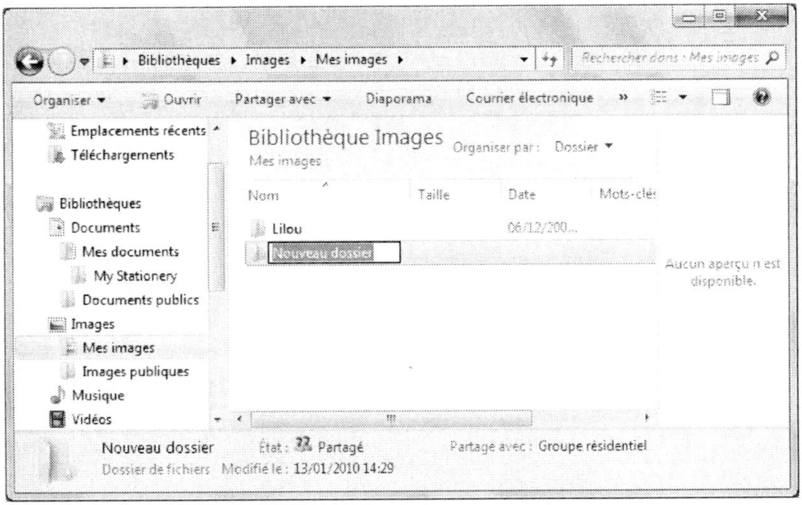

Dans cet exemple, le nouveau dossier est inséré dans le dossier **Mes images** de la bibliothèque **Images** (voir barre d'adresses).

Copier des dossiers ou des fichiers à partir de l'Explorateur

Ouvrez une fenêtre Explorateur de votre dossier personnel en cliquant sur le bouton **Démarrer** puis sur l'option **Nom de l'utilisateur, Documents, Images, Musique** (selon l'emplacement souhaité).
Pour ouvrir le dossier contenant les fichiers/les dossiers à copier, faites un double clic sur son nom.
Sélectionnez les dossiers et/ou les fichiers concernés par la copie.
Copiez ces documents dans le Presse-papiers, à l'aide du menu **Organiser - Copier** (ou Ctrl **C**).
Recherchez le dossier dans lequel vous souhaitez copier la sélection. Pour cela, utilisez le volet de navigation (volet gauche), puis faites un double clic sur ce dossier afin de l'ouvrir.
Collez le contenu du Presse-papiers à l'aide du menu **Organiser - Coller** (ou Ctrl **V**).

*Les fichiers sont copiés un par un. Ils se trouvent toujours dans le Presse-papiers : vous pouvez, si besoin, les copier une nouvelle fois dans un autre dossier. Si vous copiez le fichier dans son dossier d'origine, Windows crée un double qu'il nomme **"nom de fichier" - Copie**.*

Si le dossier de destination contient un fichier du même nom que l'un de ceux copiés, Windows vous propose trois options.

Dans ce cas, cliquez sur l'option **Copier et remplacer**, **Ne pas copier** ou **Copier, mais conserver les deux fichiers** selon votre choix.
Fermez, si besoin est, la fenêtre de dossiers en cliquant sur le bouton X.

En cas de doute ou d'erreur, annulez aussitôt la copie par la commande **Organiser - Annuler** (ou Ctrl **Z**) puis validez par le bouton **Oui**.
Lorsque vous copiez un dossier, Windows recopie son arborescence, c'est-à-dire les dossiers qu'il contient mais aussi les fichiers contenus dans les sous-dossiers !
Vous pouvez aussi faire glisser le fichier en maintenant la touche Ctrl enfoncée.

Copier des dossiers ou des fichiers à partir de l'Explorateur

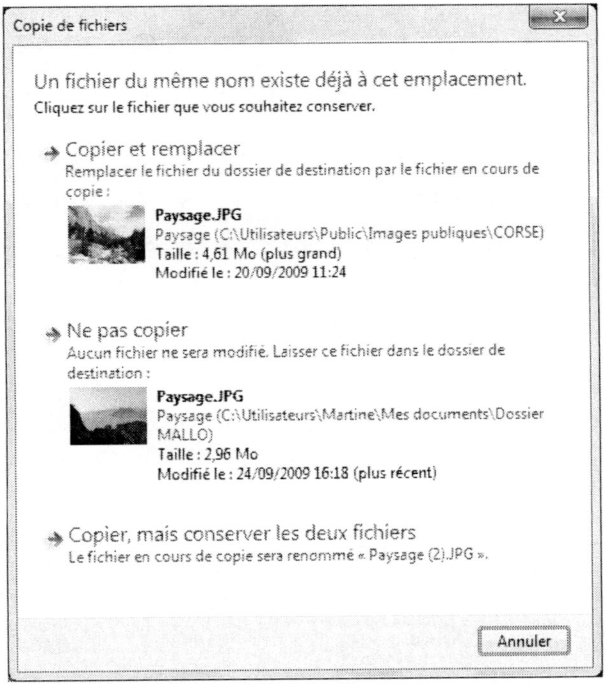

Ce message apparaît lorsqu'un fichier de même nom que celui en cours de copie existe déjà dans le dossier.

Déplacer des dossiers ou des fichiers

Cliquez sur le bouton **Démarrer** puis affichez votre dossier personnel en cliquant sur **Nom de l'utilisateur**, **Documents**, **Images**, **Musique...** selon l'endroit où se situe(nt) le (ou les) fichier(s) à déplacer.

À partir du volet de navigation, ouvrez si nécessaire le dossier contenant les fichiers (ou sous-dossiers) à déplacer. Sélectionnez les éléments à déplacer.
Déplacez ces éléments dans le Presse-papiers à l'aide de la commande **Organiser - Couper** (ou Ctrl **X**).

Les noms des fichiers sont pour le moment toujours visibles mais l'icône les représentant est estompée.

Sélectionnez, dans le volet de navigation, le dossier dans lequel vous souhaitez déplacer les dossiers et/ou les fichiers situés dans le Presse-papiers.

Collez le contenu du Presse-papiers par la commande **Organiser - Coller** (ou Ctrl **V**).

Après un court instant, ceux-ci apparaissent dans le dossier de destination.

Vous pouvez également faire glisser la sélection à déplacer vers le dossier destinataire. Avant de relâcher le bouton de la souris, assurez-vous que le curseur est bien accompagné d'une flèche bleue suivie de **Déplacer vers...**.

En cas d'erreur ou de doute, vous pouvez annuler aussitôt le déplacement par la commande **Organiser - Annuler** (ou Ctrl **Z**).

Renommer un fichier ou un dossier

Affichez l'Explorateur de votre dossier personnel à partir du bouton **Démarrer** (option **Nom de l'utilisateur**, **Documents**, **Images** ou **Musique**...).

Recherchez puis sélectionnez le fichier ou le dossier à renommer.
Cliquez sur **Organiser** puis l'option **Renommer**.

Utilisez les touches de déplacement et d'édition habituelles pour effectuer les modifications de texte.

Nous vous rappelons que les caractères \ / ? : " < > | sont interdits.

Validez par la touche Entrée.

Le nom est automatiquement modifié. Si un fichier de même nom existe dans le dossier, Windows refuse d'effectuer la modification.

Si vous visualisez les extensions des fichiers (par exemple, pour un document Word 2010 l'extension est **.docx** : invitation.docx) lors de la saisie du nouveau nom, vous devez garder l'extension associée au fichier sinon le fichier risque d'être inutilisable.

Déplacer des dossiers ou des fichiers

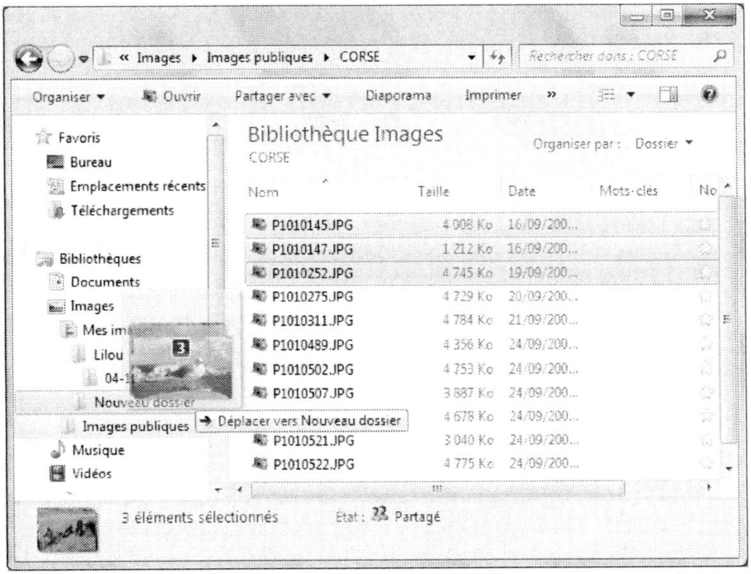

Renommer un fichier ou un dossier

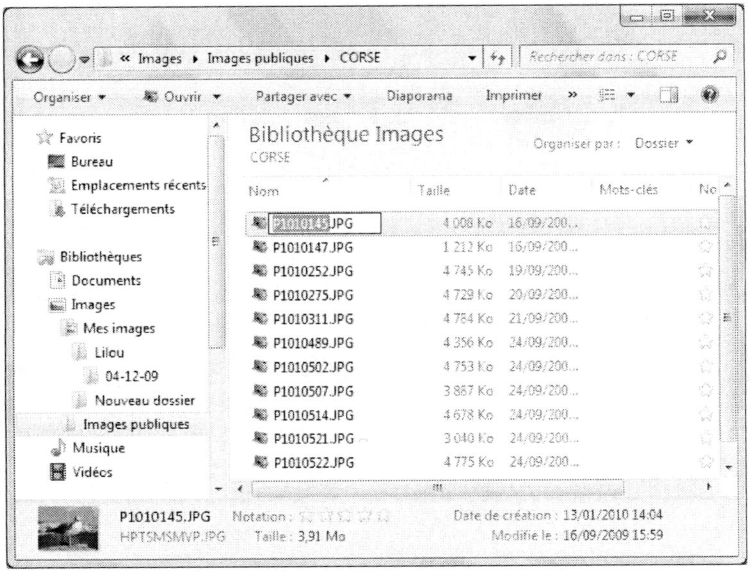

Le nom est sélectionné indiquant que vous pouvez effectuer une modification de texte.

Supprimer des dossiers ou des fichiers

Affichez l'Explorateur de votre dossier personnel à partir du bouton **Démarrer** (option **Nom de l'utilisateur**, **Documents**, **Images** ou **Musique**...). Recherchez puis sélectionnez les dossiers et/ou les fichiers à supprimer. Cliquez sur **Organiser** puis sur **Supprimer** (ou tapez Suppr).

Cliquez sur le bouton **Oui** pour confirmer la suppression des fichiers et leur envoi dans la Corbeille.

La suppression n'est pas définitive : les fichiers existent toujours physiquement sur le disque dur mais ils ne sont plus visibles dans les dossiers.

Pour supprimer définitivement les fichiers, et donc libérer de la place sur l'unité de disque, vous devez vider la Corbeille (cf. Gérer les fichiers/les dossiers situés dans la Corbeille).

Attention : si vous supprimez des éléments d'une autre unité que le disque dur du poste de travail (ex. : clé USB...), la suppression ne transite pas par la Corbeille et est donc définitive.
Pour supprimer des fichiers issus de plusieurs dossiers, recherchez-les puis sélectionnez-les dans la fenêtre **Résultats de la recherche** avant de les supprimer.
Pour supprimer définitivement un fichier du disque, sans le transférer dans la Corbeille, appuyez sur ⇧ Shift Suppr au lieu de Suppr puis validez par le bouton **Oui**. N'utilisez cette combinaison de touches que si vous êtes absolument certain de vouloir supprimer les fichiers sélectionnés !

Gérer les fichiers/les dossiers situés dans la Corbeille

Pour visualiser les éléments situés dans la **Corbeille**, faites un double clic sur son icône située sur le Bureau.

Pour récupérer toute la Corbeille, c'est-à-dire, remettre tous les fichiers et dossiers supprimés à leur emplacement d'origine, veillez à ce qu'aucun fichier/dossier ne soit sélectionné dans la fenêtre de la **Corbeille** puis cliquez sur l'outil **Restaurer tous les éléments**.
Pour récupérer un ou plusieurs fichiers/dossiers, sélectionnez le ou les fichiers à récupérer dans la fenêtre de la **Corbeille** puis cliquez, selon la sélection effectuée, sur l'outil **Restaurer cet élément** ou **Restaurer les éléments sélectionnés**.

*Vous pouvez aussi cliquer avec le bouton droit sur la sélection puis choisir l'option **Restaurer**.*
Le ou les fichiers disparaissent de la Corbeille mais sont de nouveau disponibles dans la fenêtre de l'Explorateur ; Windows recrée, si besoin, le ou les dossiers dans lesquels ces fichiers doivent être placés.

Pour supprimer définitivement un ou plusieurs fichiers/dossiers et ainsi libérer de l'espace sur le disque, sélectionnez le ou les fichiers ou dossiers à supprimer dans la fenêtre de la Corbeille puis cliquez sur **Organiser - Supprimer** ou tapez Suppr. Confirmez ensuite la suppression en cliquant sur **Oui**.
Pour supprimer définitivement tous les fichiers ou dossiers de la Corbeille, cliquez sur l'outil **Vider la Corbeille** puis sur le bouton **Oui** pour confirmer la suppression définitive des fichiers et dossiers.

Pour supprimer définitivement tous les fichiers ou dossiers de la Corbeille, vous pouvez aussi cliquer avec le bouton droit sur l'icône **Corbeille** visible sur le Bureau puis choisir **Vider la Corbeille**.

Supprimer des dossiers ou des fichiers

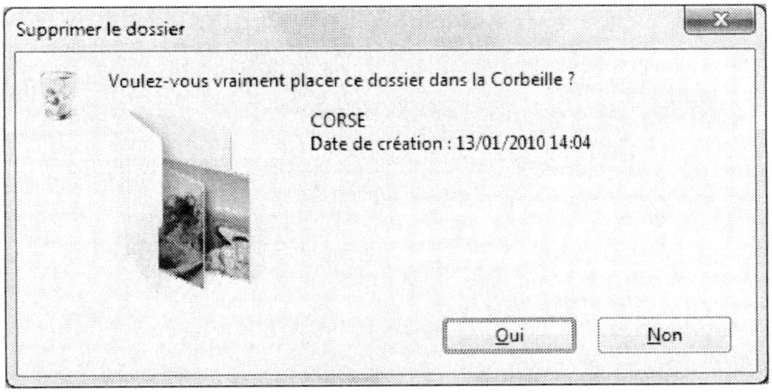

En supprimant un dossier vous supprimez également tous les fichiers qu'il contient ainsi que les éventuels sous-dossiers.

Gérer les fichiers/les dossiers situés dans la Corbeille

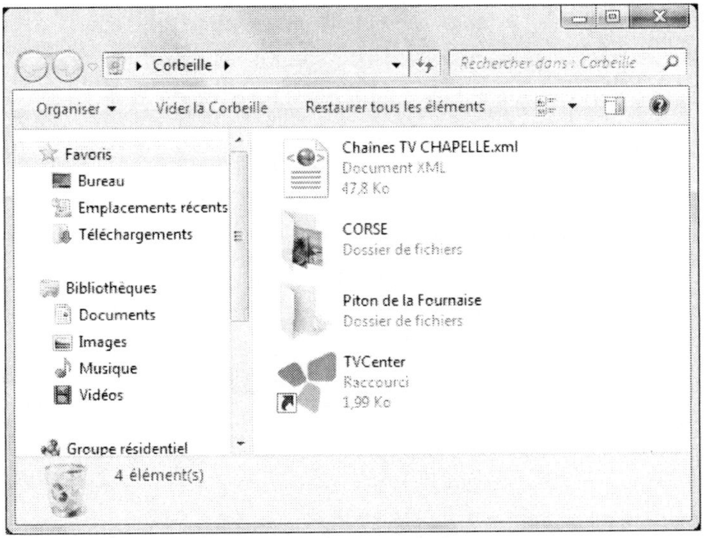

Vous visualisez la liste des fichiers situés dans la Corbeille ; cette liste se gère comme celle de la fenêtre Explorateur : les options de l'outil **Changer l'affichage** permettent d'en définir la présentation.

Rechercher un fichier ou un dossier à partir de l'Explorateur

Si le fichier ou dossier recherché se situe dans un dossier courant (exemple : Documents), utilisez de préférence la zone de recherche située en haut de la fenêtre Explorateur de document.

Ouvrez la fenêtre du dossier à partir du menu **Démarrer**.

Cliquez dans le champ **Rechercher dans** puis saisissez selon les éléments connus :

- le nom entier ou partiel du fichier ;
- * (étoile) suivi d'un point puis des trois lettres composant l'extension (type) du fichier. Exemples : *.xls pour les fichiers Excel 2003, *.xlsx pour Excel 2007, *.doc pour les fichiers Word 2003, *.docx pour Word 2007, *.mp3 pour les fichiers MP3... ;
- un mot ou une expression à rechercher dans les balises qui auraient été ajoutées aux fichiers en tant que description,
- le nom de l'auteur du document pour afficher tous les fichiers créés par cette personne.

La recherche est généralement effectuée au niveau du nom, du contenu et des propriétés des fichiers. Le résultat de la recherche s'affiche au fur et à mesure de la saisie des caractères.

Pour affiner la recherche, vous pouvez faire précéder les caractères recherchés d'un filtre par propriété de fichier, suivi du texte recherché et séparé par deux points :

Nom:texte recherché	Pour rechercher le texte uniquement dans le nom des fichiers.
Balise:texte recherché	Pour effectuer la recherche seulement dans les balises.
Modifié:date	Pour rechercher tous les fichiers modifiés à cette date.

*La fenêtre **Résultats de la recherche dans...** affiche le résultat.*

Si le résultat ne vous convient pas, vous pouvez élargir la recherche à un autre dossier de la liste **Chercher à nouveau dans** en cliquant directement sur son nom.

Rechercher un fichier ou un dossier à partir de l'Explorateur

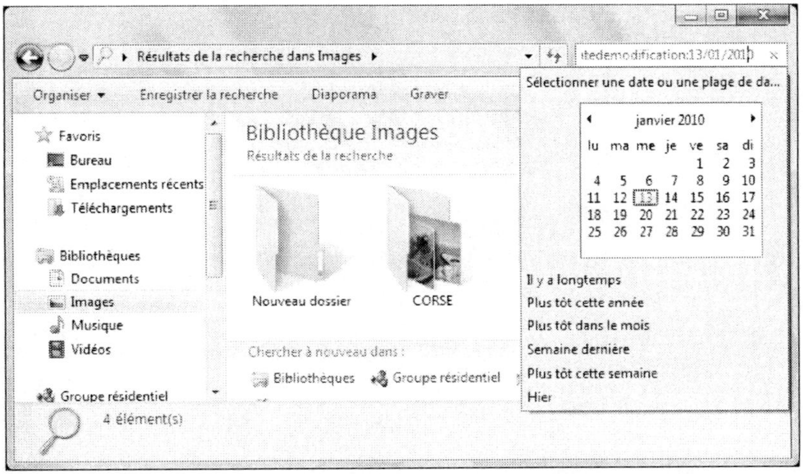

En fonction du filtre saisi, une aide contextuelle peut vous être proposée (ici, un calendrier s'ouvre pour renseigner une date de modification).

Compresser/décompresser un fichier ou un dossier (zippé)

*Le principe de la compression **Dossier compressé** consiste à créer un dossier spécifique dans lequel les fichiers ou dossiers compressés (zippés) seront stockés.*
Les fichiers et dossiers compressés avec cette fonctionnalité, restent compressés à la fois sur les lecteurs FAT et les lecteurs NTFS. Ces fichiers sont compatibles avec d'autres logiciels de compression de fichiers, et peuvent être déplacés vers tous les dossiers (et/ou lecteur) de votre ordinateur, via Internet ou un réseau interne.
Ce type de compression ne diminue pas les performances de l'ordinateur.

Affichez la fenêtre Explorateur de votre dossier personnel à partir du bouton **Démarrer** (option **Nom de l'utilisateur**, **Documents**, **Images** ou **Musique**...).

Faites un clic droit sur le fichier ou le dossier à compresser puis pointez l'option **Envoyer vers** avant de cliquer sur l'option **Dossier compressé**.

Un nouveau dossier compressé, mais portant le nom du fichier ou dossier d'origine, est aussitôt créé.

Tapez, si nécessaire, le nom du nouveau dossier compressé puis validez par la touche Entrée.

Vous pouvez ajouter des fichiers ou dossiers dans un dossier compressé. Pour cela, faites glisser les éléments à insérer directement dans le dossier compressé à l'aide d'un cliqué-glissé.

Si le fichier ainsi compressé (zippé) est de taille sensiblement identique à l'original, cela signifie que le fichier de départ est déjà extrêmement compressé.
Un dossier compressé se renomme suivant la même procédure qu'un fichier ou dossier ordinaire (cf. Renommer un fichier ou un dossier).
Pour envoyer un fichier compressé par messagerie électronique (en pièce jointe), vous devez envoyer le **Dossier compressé** correspondant.

Pour décompresser un dossier compressé, ouvrez une fenêtre Explorateur de documents, faites un double clic sur le dossier compressé concerné puis cliquez sur l'outil **Extraire tous les fichiers**.

Saisissez alors dans la zone **Les fichiers seront extraits dans ce dossier** l'adresse du dossier dans lequel vous souhaitez insérer les fichiers décompressés.

*Le bouton **Parcourir** permet de sélectionner un dossier directement dans l'arborescence de votre ordinateur.*

Pour visualiser aussitôt les fichiers décompressés, cochez l'option **Afficher les dossiers extraits une fois l'opération terminée**.

Cliquez sur le bouton **Extraire**.

Si besoin est, fermez la fenêtre du dossier compressé ainsi que celle du dossier contenant les fichiers/dossiers décompressés.

Compresser/décompresser un fichier ou un dossier (zippé)

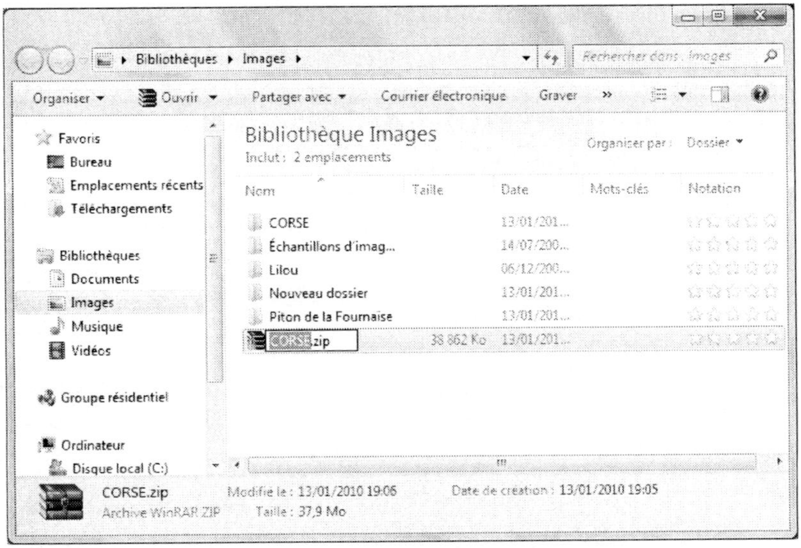

Notez l'aspect particulier de l'icône représentant un dossier compressé.

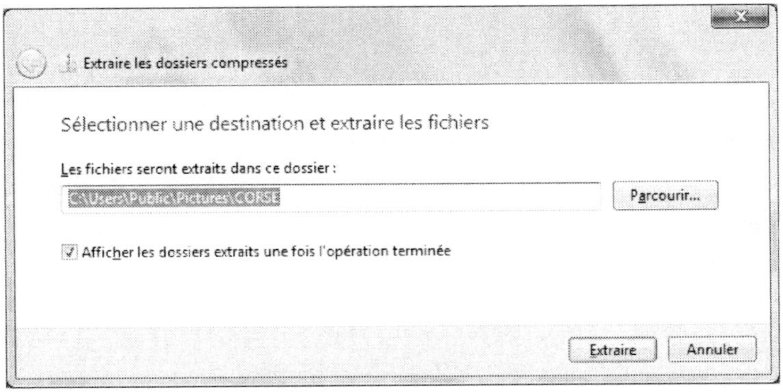

Utiliser une clé USB

Généralement, Windows détecte la clé USB dès sa connexion et installe automatiquement le pilote logiciel correspondant.

Mais ce n'est pas toujours le cas. Alors, avant de connecter pour la toute première fois la clé USB, prenez la précaution de vérifier dans les instructions du constructeur si le pilote logiciel doit être ou non installé avant la connexion au port USB de votre ordinateur.

Lorsque Windows a détecté la clé USB, par défaut, la fenêtre **Exécution automatique** vous propose d'**Ouvrir le dossier et afficher les fichiers**.

- Dans ce cas, cliquez sur le lien **Ouvrir le dossier et afficher les fichiers** pour qu'une fenêtre Explorateur affiche le contenu de la clé.

  *L'icône est ajoutée dans la zone de notification de la barre des tâches, vous indiquant qu'un disque amovible est connecté à l'ordinateur. Pour visualiser cette icône, cliquez sur la flèche **Afficher les icônes cachées**.*

  Réalisez les copies de fichiers souhaitées de la clé USB vers votre ordinateur ou, à l'inverse, de votre ordinateur vers la clé USB en procédant comme lors d'une copie d'un dossier vers un autre dossier (cf. Copier des dossiers ou des fichiers à partir de l'Explorateur).

- Avant de retirer la clé USB en toute sécurité, suivez cette procédure :
  - Cliquez sur la flèche **Afficher les icônes cachées** de la zone de notification.
  - Cliquez sur l'icône représentant la clé USB puis cliquez sur l'option **Éjecter**...

  Le nom de l'option peut être légèrement différent selon le type de clé connectée.

  Lorsque le processus de déconnexion est terminé, pendant quelques instants Windows vous signale dans une info-bulle que le périphérique peut être retiré de l'ordinateur.

  Vous pouvez désormais retirer la clé USB de votre ordinateur.

Lorsqu'une clé USB est connectée à votre ordinateur, vous visualisez l'icône correspondante dans la zone **Périphériques utilisant des supports de stockage amovibles** de la fenêtre **Ordinateur** (**Démarrer - Ordinateur**) ; un double clic sur cette icône affiche le contenu de la clé USB.

Avant de retirer la clé, vous pouvez aussi faire un clic droit sur le nom de l'unité concernée dans la fenêtre **Ordinateur**, puis cliquer sur l'option **Éjecter**.

Utiliser une clé USB

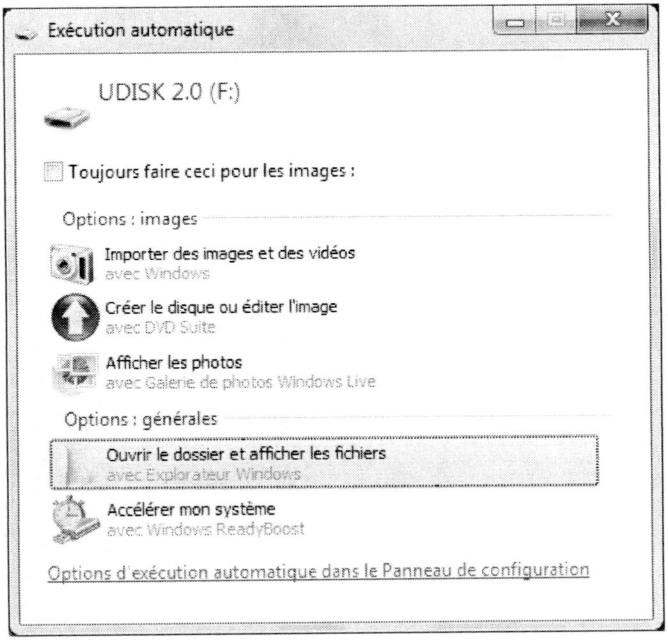

NOTES PERSONNELLES

Partie 5

INTERNET

Découvrir l'écran Internet Explorer

La fenêtre d'Internet Explorer apparaît au lancement de l'application. Elle comprend les éléments suivants :

- La **barre de titre** (a) contient le bouton **Réduire** permettant de réduire la fenêtre au minimum tout en conservant l'application active ; le bouton **Niveau inférieur** permet de réduire la taille de la fenêtre afin qu'elle occupe une partie de l'écran ; dans ce cas, le bouton **Niveau inférieur** disparaît au profit du bouton **Agrandir** qui permet de retrouver le plein écran ; enfin, le bouton **Fermer** permet de fermer l'application.

La **barre d'adresse** (b) permet la saisie de l'adresse d'un site ou d'une page Web ainsi que de rechercher des pages Web en utilisant un des moteurs de recherche proposés dans la liste associée à cette zone.

Le bouton **Accueil** (c) permet d'accéder à votre page d'accueil.

Le bouton **Favoris** (d) donne accès à vos sites favoris, aux flux RSS (pour lesquels vous êtes abonné) ainsi qu'à votre historique de navigation.

Le bouton **Outils** (e) contient la liste d'options principales (imprimer, zoom, afficher les téléchargements...).

Les **onglets** (f) permettant d'ouvrir plusieurs pages dans une même fenêtre et donc de pouvoir passer très facilement d'une page à l'autre. L'onglet de la page active (et donc visible dans la fenêtre) s'affiche en blanc.

Une page Web peut contenir de nombreux **Liens hypertextes** (g) qui permettent l'accès à d'autres pages. Lorsque le pointeur de la souris se trouve sur un lien hypertexte, il prend la forme d'une main et le nom de la page cible apparaît sur la **barre d'état**.

La **barre de commandes** (h) contient les outils qui vont vous permettre l'accès aux commandes de l'application Internet Explorer. Celle-ci n'étant pas affichée par défaut, pour l'afficher, faites un clic droit dans un espace vide de la barre de titre puis cliquez sur l'option **Barre de commandes**.

La **barre d'état** (i), comme dans toutes les applications Windows, affiche des informations sur la zone visualisée ou sur l'opération en cours de réalisation. De plus, elle contient un outil (j) permettant de modifier le zoom appliqué à la page active. La barre d'état n'étant pas affichée par défaut, pour l'afficher, faites un clic droit dans un espace vide de la barre de titre puis cliquez sur l'option **Barre d'état**.

Découvrir l'écran Internet Explorer

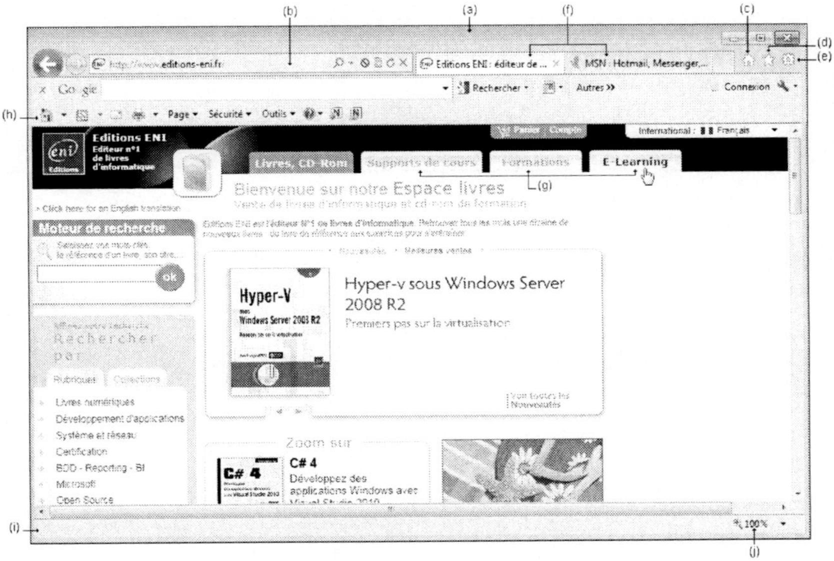

Le nom de la page cible est http://www.editions-eni.fr.

Accéder à un site Internet

Pour reprendre une expression bien connue, "surfer sur le Web" permet de voguer de page en page par l'intermédiaire de **liens hypertextes**. Chaque lien renvoie à une page Web référencée par une adresse appelée Uniform Resource Locator (ou URL). L'adresse de la page active, visible dans la barre d'adresse, se décompose de la façon suivante :

http ou **ftp** (*Hyper Text Transfer Protocol*) : protocole utilisé pour la transmission des pages HTML ; l'autre protocole, FTP (*File Transfer Protocol*), permet le transfert de fichiers.

www Dépend du protocole utilisé (*www* pour HTTP, *ftp* pour un serveur FTP...).

sous-domaine Nom de l'organisation qui gère le site.

domaine Si le site se trouve aux Etats-Unis, il correspond au domaine d'activité (*com* pour organisation commerciale, société, *edu* pour université ou école...). Si le site ne se trouve pas aux Etats-Unis, il caractérise le pays (**fr** pour France...).

chemin du fichier Nom du dossier et des sous-dossiers où se trouve le document HTML sur le serveur.

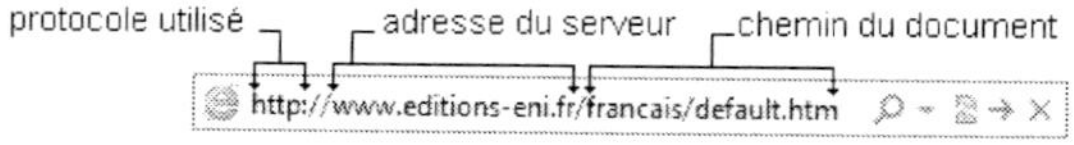

Pour accéder à un site Internet, cliquez dans la barre d'adresse de la fenêtre d'Internet Explorer puis commencez à saisir l'adresse du site.

Si vous avez utilisé précédemment une adresse similaire, la fonction de saisie semi-automatique vous suggère les correspondances les plus appropriées en tenant compte de votre historique de navigation.

Si l'adresse souhaitée est visible dans la liste, sélectionnez-la, sinon continuez la saisie de l'adresse complète du site en respectant la syntaxe puis cliquez sur le bouton ou appuyez sur la touche Entrée.

Vous pouvez aussi ouvrir la liste associée à la barre d'adresse afin d'y sélectionner une adresse.

Si l'affichage de la page vous paraît trop long, vous pouvez le stopper en cliquant sur le bouton .

La page d'accueil du site correspondant s'affiche dans le navigateur.

Si le navigateur n'arrive pas à trouver la page, une page blanche apparaît avec un message d'erreur du type ***Le site Web est introuvable****.*

Si vous constatez des problèmes d'affichage du site (texte, images non alignées, incohérences...), cliquez sur **Affichage de compatibilité** à droite de la barre d'adresse. Cette fonctionnalité permet d'identifier les sites Web prévus pour les anciens navigateurs et d'en régler l'affichage.
Pour modifier les paramètres de saisie semi-automatique ou supprimer l'historique de la saisie semi-automatique, cliquez sur le bouton , sur l'option **Options Internet** puis sur l'onglet **Contenu**. Cliquez ensuite sur le bouton **Paramètres** de la zone **Saisie semi-automatique**, réalisez les modifications souhaitées puis cliquez à deux reprises sur le bouton **OK**.

Accéder à un site Internet

Internet Explorer mémorise les adresses affichées précédemment dans la barre d'adresses.

La saisie du protocole de communication (http://) précédant l'adresse d'un site n'est pas obligatoire.

Passer d'une page à l'autre

L'accès aux différentes pages d'un site Web se fait par l'intermédiaire de liens hypertextes associés à du texte ou à une image.

Par défaut, le texte associé à un lien hypertexte est souligné et de couleur bleu si le lien n'a pas été visité, de couleur violet dans le cas contraire.

Pour savoir où se trouvent les liens hypertextes, déplacez le pointeur de la souris dans la page.

Lorsque le pointeur de souris se trouve sur un lien hypertexte, il prend la forme d'une main et le nom de la page associée apparaît sur la barre d'état.

Pour activer l'adresse URL associée au lien, cliquez sur celui-ci.

Visiter un site sécurisé

Un site sécurisé permet le transfert d'informations confidentielles (tel un numéro de carte bancaire) de façon sûre.

*Lorsque vous êtes sur un site sécurisé, un cadenas apparaît à droite de la zone d'adresse. De plus, l'adresse du site est précédé du nom du protocole **https**.*

Pour vérifier qu'un site est sécurisé, cliquez sur le cadenas puis sur le lien **Afficher les certificats**.

*La fenêtre **Certificat** s'affiche à l'écran.*

Consultez les informations du certificat.

Lorsque vous accédez à un site sécurisé, Internet Explorer vérifie que l'adresse stockée dans le certificat est correcte et que la date d'expiration ne dépasse pas la date en cours.

Cliquez sur le bouton **OK**.

Si vous souhaitez qu'Internet Explorer vous informe par le biais d'un message, lorsque vous passez d'un site sécurisé à un site non sécurisé et vice-versa, ouvrez la boîte de dialogue **Options Internet** (bouton - **Options Internet**) puis cliquez sur l'onglet **Avancé**. Cochez ensuite l'option **Avertir en cas de changement entre mode sécurisé et non sécurisé** visible dans la catégorie **Sécurité** puis cliquez sur le bouton **OK**.

Passer d'une page à l'autre

Notez que l'adresse URL associée au lien hypertexte apparaît dans la barre d'état.

Visiter un site sécurisé

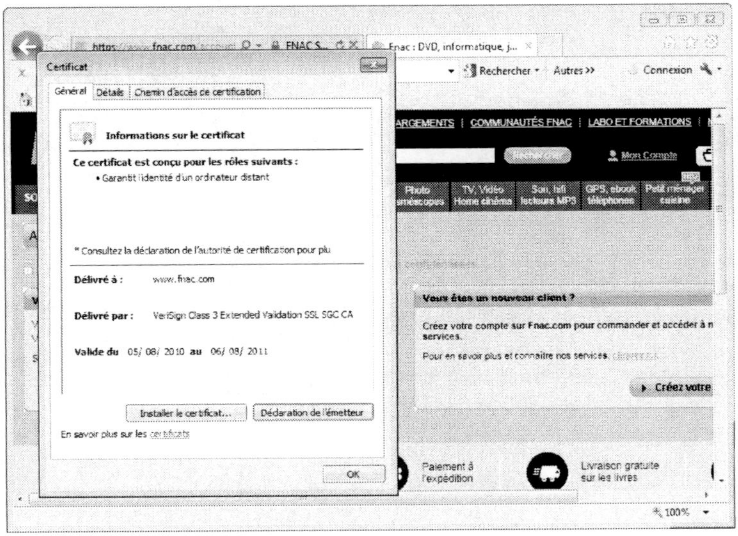

Ici, le certificat est valide jusqu'au 06/08/2011.

Utiliser les onglets de navigation

Lorsque vous cliquez sur le lien d'une page Web, dans la plupart des cas, la page correspondante s'ouvre et remplace la page en cours. Internet Explorer vous donne la possibilité d'ouvrir une page dans un onglet afin de ne pas fermer la page en cours. Ainsi, la navigation par onglets vous permettra d'ouvrir plusieurs pages dans une même fenêtre et donc de pouvoir passer très facilement d'une page à l'autre.

Pour ouvrir une page dans un nouvel onglet, utilisez une des méthodes suivantes :

Pointez le dernier onglet vide (l'onglet apparaît désormais sous cette forme :) puis cliquez. Spécifiez ensuite dans la barre d'adresse, l'adresse de la page que vous souhaitez ouvrir dans cet onglet ou cliquez sur un des sites proposés.

- Spécifiez l'adresse du site Web dans la barre d'adresse puis validez en appuyant sur les touches Alt Entrée.
- Cliquez, selon le cas, avec la molette ou le bouton central de la souris sur le lien correspondant à la page à ouvrir.
- Faites un clic droit sur le lien correspondant à la page à ouvrir puis cliquez sur l'option **Ouvrir dans un nouvel onglet**.
- Cliquez sur le lien correspondant à la page à ouvrir tout en maintenant la touche Ctrl enfoncée.

Le chargement de la page s'effectue et, lorsque celui-ci est terminé, le nom de la page s'affiche dans l'onglet (cf. (a) écran ci-contre). Notez cependant que, selon la méthode utilisée, le contenu de la page n'est pas toujours visible à l'écran car la page peut être ouverte mais pas active pour autant.

Notez également que si plusieurs onglets sont ouverts, ils sont de la même couleur (dégradé de bleu). Mais si au moins deux onglets provenant d'un même site sont ouverts, ils adoptent une couleur commune différente des autres et se regroupent (cf. (b) et (c) en jaune et (e) et (f) en vert sur écran ci-contre).

Si besoin est, cliquez ensuite sur l'onglet pour afficher le contenu de la page.

Pour atteindre une autre page, cliquez sur l'onglet correspondant.

Pour déplacer un onglet, faites-le glisser vers son nouvel emplacement puis lâchez la souris lorsque la position de l'onglet vous convient.

Pour fermer un onglet, utilisez une des méthodes suivantes :

- Cliquez sur l'onglet concerné pour l'activer puis cliquez sur le bouton de fermeture .
- Cliquez sur l'onglet avec le molette ou le bouton centrale de la souris.
- Cliquez sur l'onglet concerné pour l'activer puis utilisez le raccourci-clavier Ctrl W.
- Cliquez avec le bouton droit de la souris sur l'onglet concerné puis cliquez sur l'option **Fermer**.

Pour fermer tous les onglets sauf l'onglet actif, faites un clic droit sur l'onglet que vous ne souhaitez pas fermer puis cliquez sur l'option **Fermer les autres onglets**.

Utiliser les onglets de navigation

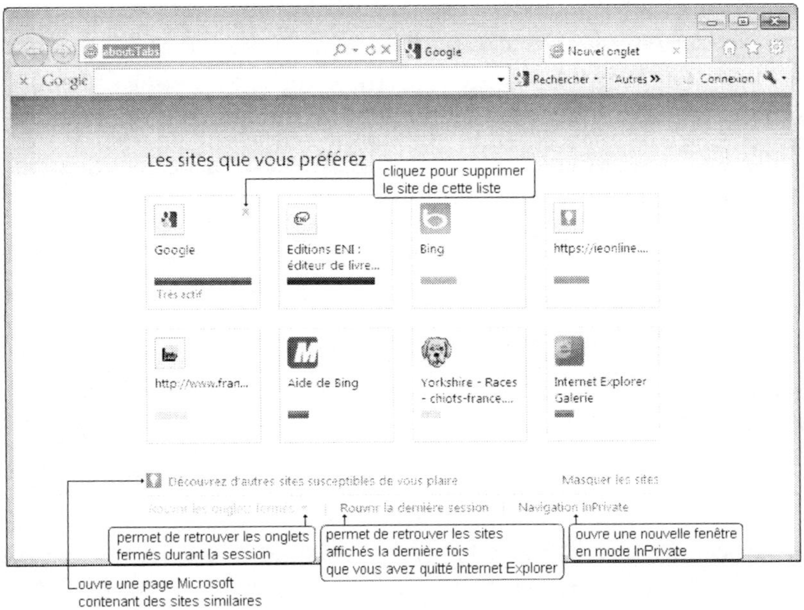

Internet Explorer 9 vous suggère une liste de sites auxquels vous avez récemment accédés plusieurs fois. Une barre de la couleur du logo du site web s'affiche en dessous du nom du site et, suivant la fréquence à laquelle vous accédez à ce site, les intitulés **Très actif, Actif, Moins actif** s'affichent lorsque vous pointez sur le site.

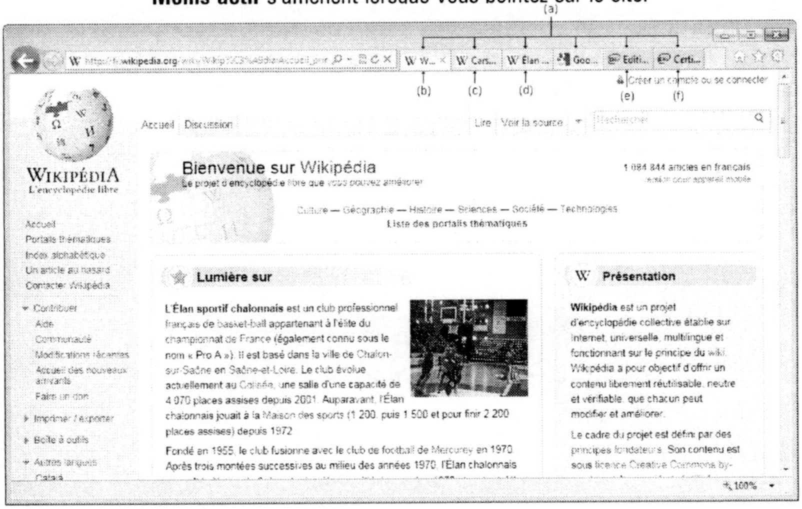

Les onglets de même couleur constituent un groupe d'onglets.

Pour dissocier un onglet d'un groupe d'onglets, faites un clic droit sur l'onglet à dissocier du groupe puis cliquez sur l'option **Dissocier cet onglet**.

Pour fermer un groupe d'onglets, faites un clic droit sur un des onglets concernés puis cliquez sur l'option **Fermer ce groupe d'onglets**.

Pour rouvrir un des onglets récemment fermés, faites un clic droit sur n'importe quel onglet ouvert, pointez l'option **Onglets récemment fermés** puis cliquez sur la page à afficher de nouveau.

Pour rouvrir le dernier onglet fermé, faites un clic droit sur n'importe quel onglet ouvert puis cliquez sur l'option **Rouvrir les onglets fermés** ou appuyez sur les touches Ctrl Shift **T**.

Pour afficher les onglets sous forme de miniatures, utilisez le raccourci-clavier Ctrl **Q** ; pour utiliser ce raccourci, vous devez activer l'option **Activer l'Aperçu mosaïque** de la fenêtre **Paramètres des onglets de navigation** (bouton - option **Options Internet** - onglet **Général** - zone **Onglets** - bouton **Paramètres**). Vous aurez besoin de redémarrer Internet Explorer pour que le changement soit pris en compte.

*Cet affichage est appelé **Aperçu mosaïque**. Vous allez pouvoir atteindre une page en cliquant sur sa miniature ou encore, fermer un onglet en cliquant sur le bouton .*

Pour afficher les onglets sous la barre d'adresse, faites un clic droit sur n'importe quel onglet puis cliquez sur l'option **Afficher les onglets sur une ligne séparée** ; de nouveau un clic sur l'option **Afficher les onglets sur une ligne séparée** permet de la désactiver et ainsi de repositionner les onglets à droite de la barre d'adresse.

Vous pouvez aussi ouvrir une page dans une nouvelle fenêtre d'Internet Explorer. Pour cela, ouvrez la liste associée au bouton Page ▾ de la Barre de commandes puis cliquez sur l'option **Nouvelle fenêtre** ou Ctrl **N**.

Afficher une page déjà visitée

Les dernières pages Web visitées sont mémorisées par Internet Explorer durant une session, ce qui permet de les réafficher.

Pour afficher la page précédente, cliquez sur le bouton **Retour** ou Alt ←.

Pour afficher la page suivante, cliquez sur le bouton **Avancer** ou Alt →.

Pour rafraîchir l'écran, c'est-à-dire réactualiser l'affichage d'une page lorsque son affichage a été interrompu ou que son contenu a été modifié depuis le dernier accès, cliquez sur le bouton ou appuyez sur la touche F5.

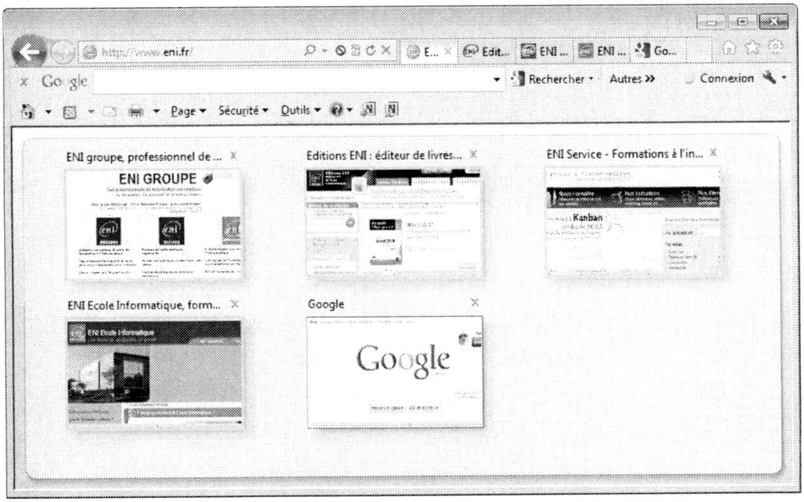

Les libellés des onglets n'étant pas toujours visibles en totalité, l'affichage des miniatures permet d'atteindre une page plus facilement.

Afficher une page déjà visitée

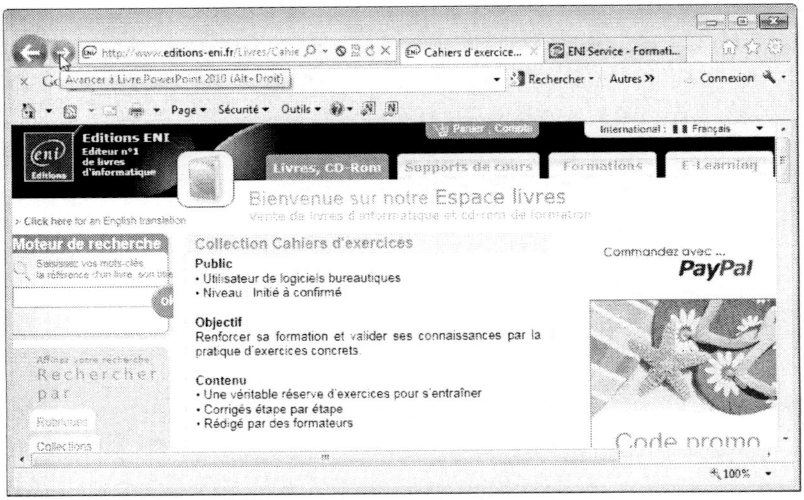

Lorsque vous pointez le bouton **Retour** ou **Avancer**, le nom de la page que vous allez afficher apparaît dans une info-bulle.

Utiliser l'historique

L'historique affiche les pages visitées dans la journée ou dans les jours et les semaines précédentes.

Les pages sont mémorisées dans un dossier, permettant ainsi un accès ultérieur plus rapide à ces pages car elles sont chargées à partir du disque dur et non plus à partir du Web.

Cliquez sur le bouton [<] puis sur l'onglet **Historique** ou utilisez le raccourci-clavier [Ctrl] [Shift] **H**.
*Le volet **Centre des favoris** s'ouvre, affichant les liens correspondant aux pages Web consultées. Par défaut les liens sont classés par date de visite.*

*Si vous avez utilisé le bouton [<] le volet s'affiche sur la droite de la fenêtre et n'est affiché que temporairement. En effet, le volet disparaîtra automatiquement lorsque vous cliquerez sur le lien de la page Web à afficher. Si vous avez utilisé le reccourci-clavier [Ctrl] [Shift] **H**, le volet s'affiche sur la gauche de la fenêtre et est affiché en permanence.*

Pour afficher le volet Centre des favoris en permanence, cliquez sur le bouton [⇦] visible dans le coin supérieur gauche du volet.

Pour afficher une page, cliquez sur la semaine ou sur le jour contenant la page à visualiser.

Cliquez sur le nom du dossier de site Web contenant la ou les pages que vous souhaitez revoir.

Cliquez sur le nom de la page Web à afficher ; pour afficher la page dans un nouvel onglet, maintenez la touche [Ctrl] enfoncée en cliquant sur son nom.

La page s'affiche alors à l'écran.

Pour modifier le type d'affichage des historiques, ouvrez la liste déroulante de l'onglet **Historique** puis choisissez l'option **Afficher par date**, **Afficher par site**, **Afficher par fréquence de visite** ou **Afficher par ordre de visite du jour**.

Pour effectuer une recherche dans l'historique, ouvrez la liste déroulante de l'onglet **Historique** puis cliquez sur l'option **Chercher dans l'historique**.

Saisissez le début ou le nom entier de la ou des pages à rechercher puis cliquez sur le bouton **Rechercher**.

La liste des pages correspondantes s'affiche dans le volet.

Lorsque la recherche est terminée, revenez à l'historique en sélectionnant un type d'affichage des historiques dans la liste déroulante de l'onglet **Historique**.

Pour fermer le volet **Centre des favoris**, cliquez sur le bouton [X] situé en haut à droite de ce volet ou cliquez sur le bouton [<].

Si le volet **Centre des favoris** est affiché de façon permanente, sa taille peut être modifiée par un cliqué-glissé de la ligne verticale qui sépare le volet du reste de la fenêtre.

Utiliser l'historique

Les sites Web sont précédés de l'icône .

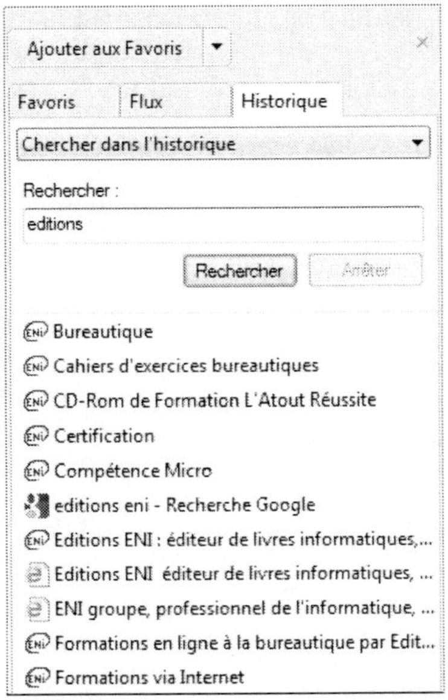

Un clic sur le bouton **Arrêter** permet d'interrompre la recherche.

Rechercher des sites Web avec Google

Le Web est une source d'informations gigantesque. On peut trouver n'importe quel renseignement sur le réseau des réseaux, à condition bien sûr de chercher au bon endroit, sinon il est très facile de s'y perdre.

*Afin de vous aider à trouver le "site" qui répondra précisément à votre question, vous utiliserez des sites spécialisés appelés **moteurs de recherche**. La technique de recherche consiste à comparer le contenu de toutes les pages d'un site avec le ou les mots-clés correspondant à votre recherche.*

*Pour rechercher des sites Web dans Google, vous pouvez utiliser la barre d'adresse en tant que zone de recherche, la barre d'outils **Google Toolbar** si celle-ci est installée ou encore, la page d'accueil de Google.*

Pour rechercher des sites Web à l'aide de la barre d'adresse, cliquez dans la barre d'adresse pour sélectionnez son contenu puis saisissez le ou les mots-clés permettant de trouver le site recherché.

Si le moteur de recherche Google n'est pas actif (son icône doit être entourée d'une bordure bleue), cliquez sur son icône visible en bas de la liste de la barre d'adresse.

*Si une ou plusieurs recherches se rapprochant de la recherche actuelle ont été réalisées au préalable, les liens correspondants s'affichent dans la zone **Historique** de la liste d'adresse. De plus, vous visualisez les suggestions de recherche de Google dans la zone **Google Suggestions** si l'option correspondante est active. Si ce n'est pas votre cas, cliquez sur le lien **Activer les suggestions (envoyer les séquences de touches à Google)**.*

Si une des propositions de la zone **Historique** ou **Google Suggestions** vous convient, cliquez dessus ; sinon, appuyez sur le touche [Entrée] pour rechercher les sites en fonction de ou des mots-clés saisis.

Pour rechercher des sites Web à l'aide de la barre d'outils Google Toolbar, veillez à ce que celle-ci soit affichée (clic droit dans un espace vide de la barre de titre - **Google Toolbar**).

Cliquez dans la zone de saisie de la barre d'outils puis saisissez le ou les mots-clés permettant de trouver le site recherché.

Des suggestions de recherche s'affichent au fur et à mesure de la saisie des mots-clés.

Les suggestions des sites déjà visités s'affichent en violet en haut de la liste.

Si une des suggestions proposées dans la liste vous convient, cliquez dessus ; sinon, appuyez sur le touche [Entrée] pour rechercher les sites en fonction de ou des mots-clés saisis.

Rechercher des sites Web avec Google

Ici, les moteurs de recherche Google et Bing ont été ajoutés à Internet Explorer.

Le lien **Effacer l'historique** permet de supprimer des sites déjà visités.

Pour rechercher des sites Web à l'aide de la page Google, affichez la page d'accueil de Google en saisissant son adresse http://www.google.fr dans la barre d'adresse ou en cliquant sur le bouton **Google** visible à gauche dans la barre d'outils **Google Toolbar**.

Cliquez dans la zone de saisie **Rechercher** puis saisissez le ou les mots-clés permettant de trouver le site recherché.

Le résultat de la recherche s'affiche automatiquement dans la page et se met à jour au fur et à mesure en fonction du texte saisie. De plus, Google vous propose des suggestions de recherche.

Si une des suggestions proposées dans la liste vous convient cliquez dessus sinon, appuyez sur le touche [Entrée] pour rechercher les sites en fonction de ou des mots-clés saisis.

Quelle que soit la méthode de recherche utilisée, Google affiche une page de résultat contenant les liens des pages Web correspondant à votre recherche. Pour chaque lien, vous visualisez un extrait de la page contenant les mots-clés, ainsi que son adresse Web qui s'affiche en vert.

Les éléments fondamentaux de la page des résultats sont les suivants :

(a) La zone **Rechercher** permet d'effectuer une nouvelle recherche ; le nombre de résultats trouvés s'affiche sous cette zone.

(b) Les **liens commerciaux** apparaissent dans la zone **Annonces** située dans la partie droite de la fenêtre.

(c) Le **titre de la page Web** apparaît sous forme de lien (texte bleu souligné) sur lequel vous cliquez pour accéder à la page du site correspondant.

(d) Un **extrait de la page Web** dans lequel les mots-clés (mis en gras) ont été trouvés, ceci permettant d'avoir un aperçu du contexte.

(e) **L'adresse de la page** Web indique de quel site la page provient.
Le lien **En cache** permet d'afficher la dernière version de la page mémorisée par Google et non la version mise à jour (utile lorsque le lien de la page est inaccessible).
Le lien **Pages similaires** permet de lancer une nouvelle recherche qui affichera les pages traitant de sujets similaires à cette page.

Les éléments de fin de page sont :

(a) Les **Recherches associées** peuvent vous être proposées par Google en fin de page, elles correspondent à des suggestions plus précises ou en relation avec les mots-clés saisis. En cliquant sur un des liens proposés, Google relance la recherche et vous affiche les résultats de l'expression.

(b) La **barre de navigation** vous permet de passer d'une page à une autre : cliquez sur le numéro de la page à afficher ou cliquez sur le lien **Suivant** ou **Précédent** pour afficher la page suivante ou précédente.

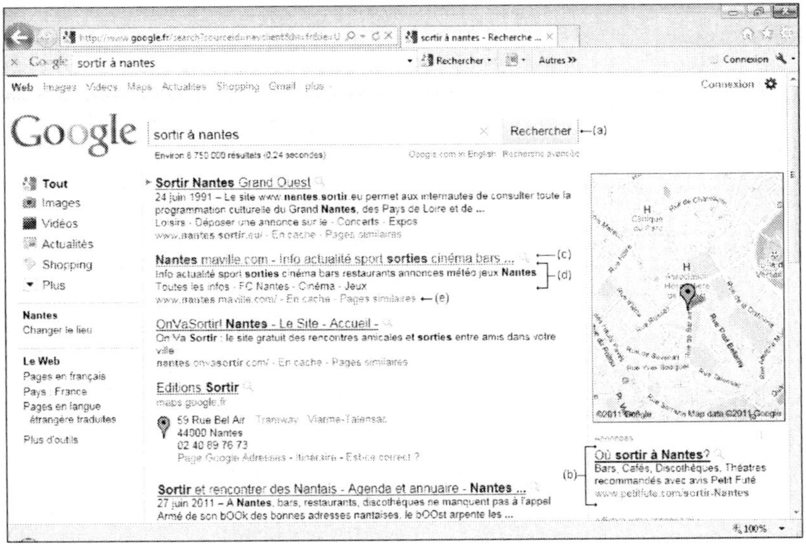

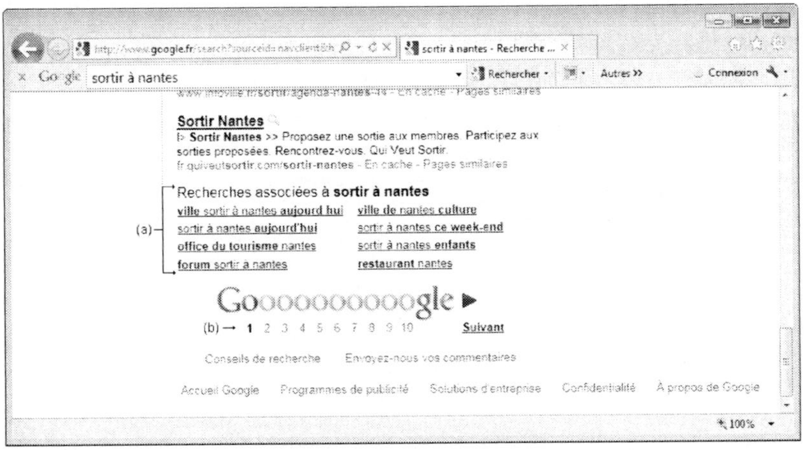

Les numéros des pages ne sont pas toujours tous visibles. Ici, par exemple, cliquer sur la page **10** permettra d'afficher également les pages 11 à 19.

Lorsque vous effectuez une recherche, Google recherche tous les types de contenus. Par la suite, vous pouvez filtrer et personnaliser votre recherche.

- Filtrez éventuellement les résultats obtenus par type de contenu Web en cliquant sur une des options visibles dans la partie supérieure du panneau située à gauche de la page des résultats : **Tout, Images**, **Vidéos**, **Actualités**...

  *L'option **Plus** permet d'afficher des options supplémentaires (**Livres**, **Adresses**, **Blogs**...) ; un clic sur l'option **Moins** permet de les masquer de nouveau.*

- Personnalisez éventuellement les résultats de la recherche en cliquant sur une ou plusieurs des options visibles sous les types de contenus du panneau situé à gauche de la page des résultats ; si le type de contenu est **Tout,** cliquez si besoin sur le lien **Plus d'outils** pour visualiser toutes les options. Vous pourrez, par exemple, personnaliser vos résultats en fonction du lieu et/ou de la date de publication (**Les plus récentes, Moins de 24 heures**...).

  Ces options varient en fonction du type de contenu recherché. Par exemple, si vous avez choisi de rechercher des images, vous allez pouvoir personnaliser votre recherche en affichant uniquement les images d'une certaine taille, d'une certaine couleur et/ou d'un certain type.

  Pour ouvrir une page, cliquez sur le lien correspondant avec le bouton gauche de la souris pour ouvrir la page dans l'onglet actif ou cliquez avec le bouton central de la souris pour l'ouvrir dans un nouvel onglet.

  Pour atteindre une autre page de résultats, cliquez, en bas de la page de résultats, sur le numéro de la page à atteindre ou cliquez sur le lien **Suivant** (ou **Précédent** selon le cas).

Pour annuler les options de personnalisation et ainsi afficher de nouveau tous les résultats de la recherche, cliquez sur l'option **Outils par défaut** visible en bas du panneau situé à gauche de la page des résultats.

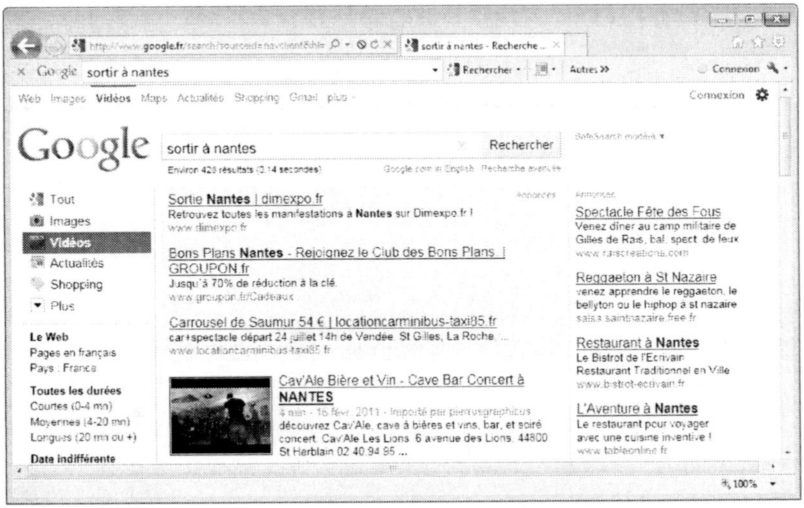

Ici, Google recherche les sites contenant des vidéos traitant du sujet "sortir à nantes". Vous retrouvez certaines des options de filtre, sous forme de liens, dans la partie supérieure de la fenêtre.

Ici, la recherche des pages contenant des vidéos traitant du sujet "sortir à nantes" est personnalisée de façon à n'afficher que les sites contenant des vidéos **Courtes** de **Moins d'un an**.

Rechercher une image avec Google

Affichez la page principale de Google : http://www.google.fr. Saisissez le ou les mots-clés permettant de trouver l'image recherchée puis cliquez sur le lien **Images** situé dans la partie supérieure gauche de la fenêtre.

ou

Cliquez dans la barre d'adresse pour sélectionner son contenu puis saisissez le ou les mots-clés permettant de trouver l'image recherchée. Si le moteur de recherche Google n'est pas actif (son icône doit être entourée d'une bordure bleue), cliquez sur son icône visible en bas de la liste de la barre d'adresse.

Appuyez ensuite sur la touche [Entrée] pour afficher les résultats de la recherche puis affichez seulement les **Images** en cliquant sur le lien correspondant visible en haut à gauche de la fenêtre.
La page de résultats contenant les miniatures des images correspondant à la recherche s'affiche à l'écran.

Pour zoomer une image, pointez l'image correspondante.

Vous visualisez le nom de l'image, sa taille ainsi que l'adresse du site Web d'où elle provient.

Pour visualiser la taille des images sur chacune des vignettes, cliquez sur le lien **Afficher les tailles** visible en bas du panneau situé à gauche de la page ; un clic sur le lien **Affichage standard** permet de masquer la taille des images.

Par défaut les images sont triées par pertinence. Pour les trier par sujet, cliquez sur le lien **Tri par sujet** visible dans le panneau situé à gauche de la page ; pour retrouver un **Tri par pertinence**, cliquez sur le lien correspondant.

Pour filtrer l'affichage des images en fonction de leur taille, leur couleur et/ou leur type, dans le panneau gauche, cliquez sur le ou les liens correspondant à l'affichage souhaité.

Pour annuler tous les filtres et ainsi visualiser de nouveau toutes les images trouvées, cliquez sur le lien **Outils par défaut** visible en bas du panneau gauche.

Ce lien n'est pas visible si aucun tri ni filtre n'est appliqué.

Rechercher une image avec Google

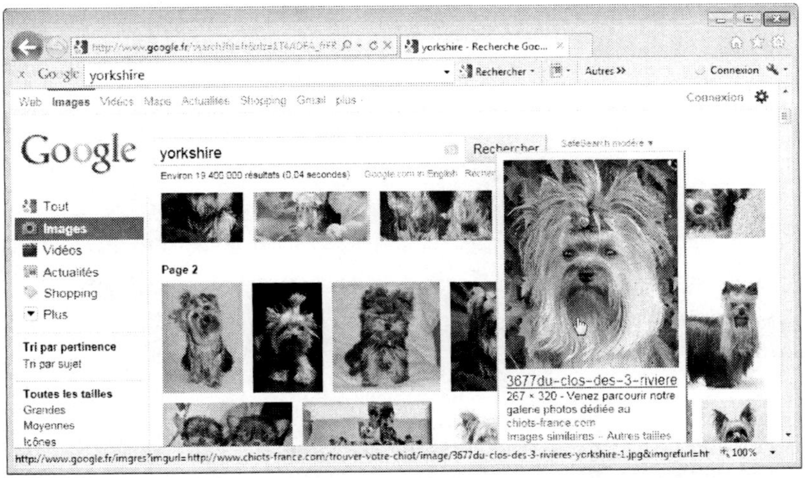

Un clic sur le lien **Images similaires** permet d'afficher uniquement les images qui ressemblent le plus à celle zoomée. Pour afficher de nouveau **Toutes les images**, cliquez sur le lien correspondant visible dans le panneau de gauche.

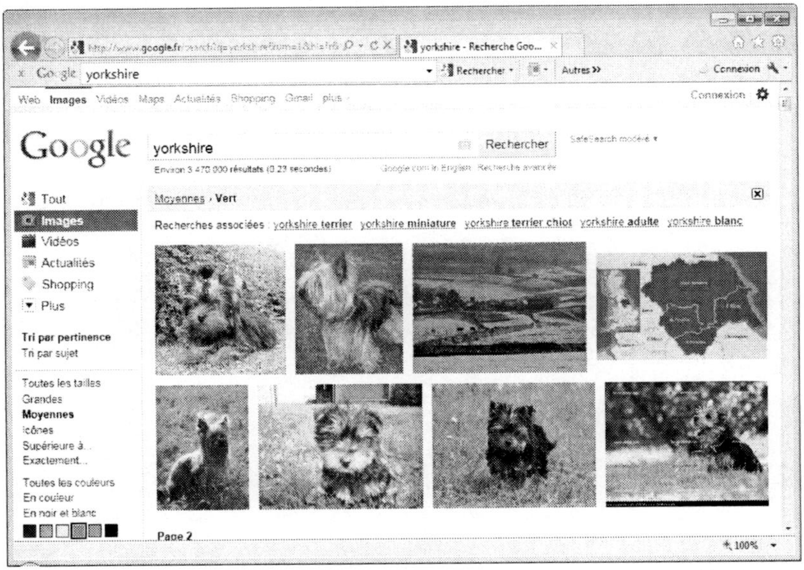

Ici, seules les photos de taille moyenne, contenant la couleur verte sont affichées.

Pour visualiser une image dans sa taille réelle, cliquez sur la vignette de l'image concernée.

La partie gauche de la page affiche l'image tandis que la partie droite affiche ses dimensions, son type ainsi que l'adresse du site Web d'où elle provient. En arrière-plan de l'image, vous visualisez le site Web de celle-ci.

Si le libellé **Même taille** est visible à droite du lien **Image taille réelle** cela signifie que vous visualisez la taille réelle de l'image dans la partie gauche. Si ce n'est pas votre cas, cliquez sur le lien **Image taille réelle**.

Pour afficher le site Web de l'image, cliquez sur le lien **Site Web pour cette image** ou cliquez sur le bouton de l'image pour la fermer ou encore, cliquez directement dans la page.

Pour revenir à la page des résultats, cliquez sur le bouton **Retour** situé à gauche de la barre d'adresse.

Enregistrer une image

Recherchez l'image à enregistrer.

Cliquez avec le bouton droit de la souris sur la vignette de l'image à enregistrer.

Cliquez sur l'option **Enregistrer l'image sous**.

Sélectionnez le dossier de stockage, spécifiez le **Nom du fichier** puis cliquez sur le bouton **Enregistrer**.

Attention, la plupart des images sont soumises aux droits d'auteurs ; elles peuvent être utilisées uniquement à des fins personnelles et ne peuvent, en aucun cas, être diffusées sur Internet ou utilisées pour un usage commercial.

En plus de l'option **Enregistrer l'image sous**, dans ce menu contextuel vous trouverez également les options permettant d'imprimer une image, d'envoyer une image par courrier électronique, de choisir cette image comme image d'arrière-plan du bureau de Windows ou encore de copier cette image dans le Presse-papiers.

Dans la partie droite de la fenêtre, Google vous informe qu'il est possible que cette image soit protégée par copyright.

Enregistrer une image

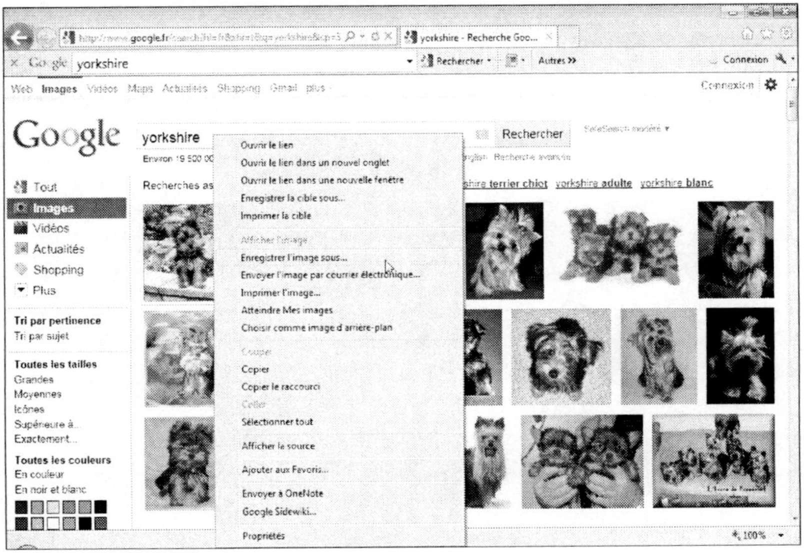

Le menu contextuel est un menu qui affiche uniquement les options liées à la sélection (ici, une image).

Découvrir l'écran Outlook

La **barre de titre** (a) contient à gauche, l'icône du menu **Système** de l'application Outlook suivie du nom du dossier sélectionné (**Boîte de réception**, **Calendrier**...) lui-même suivi du nom de l'application (**Microsoft Outlook**). À droite, le bouton **Réduire** permet de réduire la fenêtre au minimum tout en conservant l'application active ; le bouton **Niveau inférieur** permet de réduire la fenêtre de manière à ce qu'elle occupe une partie de l'écran : dans ce cas, le bouton **Niveau inférieur** disparaît au profit du bouton **Agrandir** qui permet de retrouver le plein écran ; enfin, le bouton **Fermer** permet de quitter l'application.

Le **Ruban** (b) comporte la majorité des commandes de l'application et remplace les menus et les barres d'outils des versions précédentes d'Outlook. Ces commandes sont regroupées par tâches, chacune de ces tâches étant représentées par un **onglet** (c). Chaque onglet présente plusieurs **groupes de commandes** (d) dans lesquels vous visualisez plusieurs **boutons de commandes** (e) permettant de réaliser la plupart des manipulations. Certains des groupes présentent un **lanceur de boîte de dialogue** (f) permettant d'afficher une boîte de dialogue donnant accès à des options supplémentaires.

L'onglet **Fichier** (g) donne accès aux fonctionnalités de base de l'application (enregistrer, ouvrir, imprimer...) mais aussi à d'autres fonctionnalités comme celles permettant de paramétrer vos comptes de messagerie ou encore de modifier les options de l'application Outlook.

Le **Volet de navigation** (h) affiche, dans la partie inférieure, les boutons permettant d'accéder aux différents dossiers de l'application Outlook. La partie supérieure est divisée en deux groupes dont le contenu diffère selon le dossier actif.

La **fenêtre du dossier actif** (i) affiche les éléments contenus dans celui-ci.

Le **Volet de lecture** (j) permet de lire un élément, notamment un message, sans l'ouvrir. Pour afficher, masquer ou modifier la position de ce volet dans la fenêtre d'Outlook, cliquez sur l'onglet **Affichage** puis sur le bouton **Volet de lecture** du groupe **Disposition**.

Le volet **Personnes** (k) affiche les informations relatives à la personne associée à l'élément sélectionné. Parmi ces informations vous pourrez afficher les messages électroniques, les réunions et les pièces jointes. Si vous utilisez Outlook Social Connector, ce volet affiche également les informations de connexion avec cette personne si elle appartient à l'un de vos réseaux sociaux ou professionnels, permettant ainsi de suivre l'état et les activités de celle-ci. Si plusieurs personnes sont associées à l'élément sélectionné, le volet affiche une image réduite de chacune d'elle : un clic sur une image affiche les informations relatives à celle-ci. Pour afficher ou masquer le volet **Personnes**, cliquez sur l'onglet **Affichage** puis sur le bouton **Volet de personnes** du groupe du même nom.

La **barre des tâches** (l) affiche les tâches et les rendez-vous à venir. Par défaut, vous visualisez une version développée de celle-ci. Pour la réduire, cliquez sur le bouton ; pour la réduire de nouveau, cliquez sur le bouton .

La **barre d'état** (m) contient les informations sur l'affichage en cours. Pour personnaliser la barre d'état, faites un clic droit dessus puis cliquez sur les options souhaitées pour les activer ou les désactiver.

Découvrir l'écran Outlook

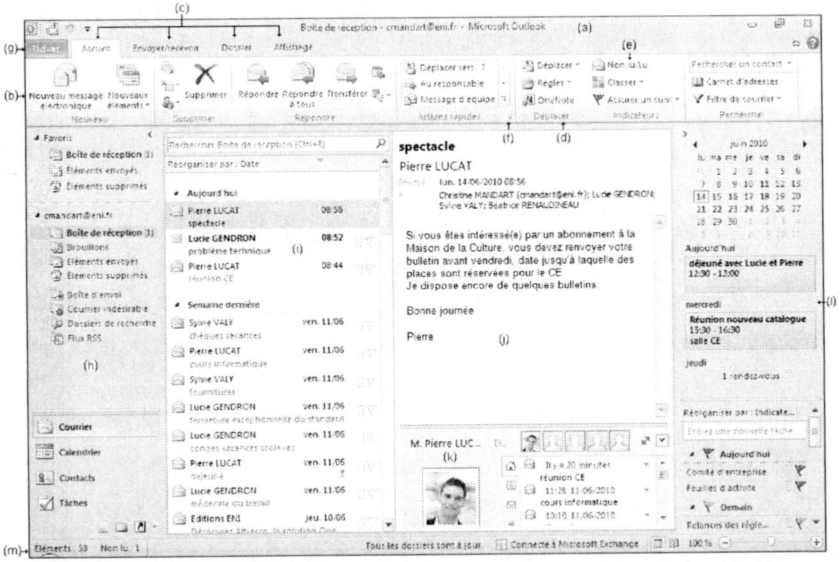

Selon les options d'affichage activées sur votre ordinateur, l'écran qui s'affiche lorsque vous lancez Outlook peut être légèrement différent de celui que vous visualisez ci-dessus.

Créer et envoyer un message

Sélectionnez un dossier de messages puis, dans l'onglet **Accueil**, cliquez sur le bouton **Nouveau message électronique** du groupe **Nouveau** ou utilisez le raccourci-clavier Ctrl Shift **M**.

La fenêtre de message s'affiche à l'écran.

Dans la zone **À**, tapez la ou les adresses du ou des destinataires du message en les séparant par un point-virgule ou, cliquez sur le bouton À... pour sélectionner les adresses à partir d'un carnet d'adresses (cf. Choisir les destinataires dans un carnet d'adresses plus loin dans ce chapitre).

Lorsque vous saisissez la première lettre d'une adresse de destinataire pour laquelle plusieurs destinataires peuvent correspondre, Outlook affiche automatiquement une liste contenant les destinataires dont l'adresse de messagerie commence par cette lettre et a été dernièrement insérée dans la zone ***À*** *ou* ***Cc****.*

Si parmi les destinataires proposés vous visualisez celui à ajouter, cliquez dessus pour l'insérer dans la zone **À**.

Un clic sur le symbole ✕ *situé à droite du nom pointé permet de le supprimer de la liste.*

Pour retirer un destinataire, cliquez sur son nom dans la zone **À** puis appuyez sur la touche Suppr.

Créer et envoyer un message

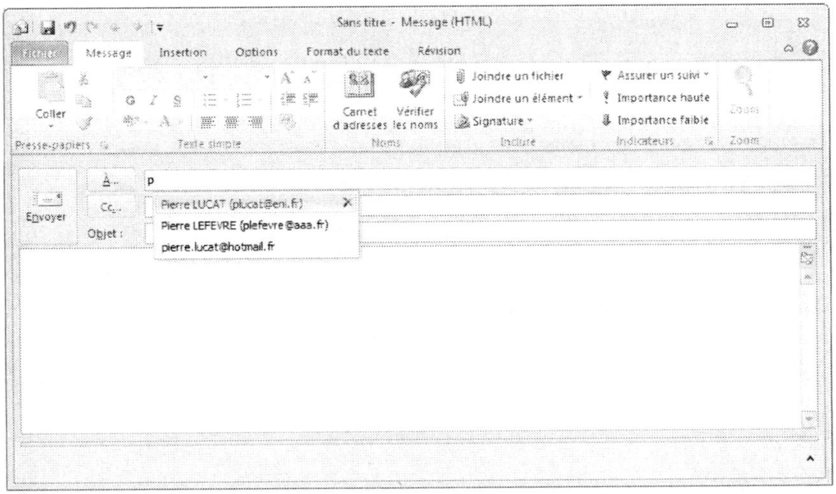

Ici, le fait de taper la lettre "p" fait apparaître trois adresses dans la liste.

Insérer un fichier

Il s'agit de joindre un fichier au message. Soyez en création ou en modification d'un message.

Dans l'onglet **Message**, cliquez sur le bouton **Joindre un fichier** visible dans le groupe **Inclure**.

*Le bouton **Joindre un fichier** est également disponible dans le groupe **Inclure** de l'onglet **Insertion**.*

*La boîte de dialogue **Insérer un fichier** s'affiche à l'écran.*

Accédez au dossier dans lequel se trouve le fichier à joindre en réalisant un double clic sur l'icône du dossier (dossier jaune) visible dans la partie centrale de la boîte de dialogue.

Sélectionnez le nom du fichier à insérer dans votre message ; si plusieurs fichiers doivent être insérés dans votre message, sélectionnez-les à l'aide de la touche [Ctrl] pour une sélection discontinue et/ou de la touche [⇧ Shift] pour une sélection continue.

Ouvrez la liste associée au bouton **Insérer** puis cliquez sur l'option :

Insérer Pour insérer le document sous forme de pièce jointe.

Insérer comme Texte Pour insérer le document sous forme de texte dans le corps du message.

*Cliquer directement sur le bouton **Insérer** revient à insérer le document en tant que pièce jointe.*

*Si votre message est au format HTML ou Texte brut, et que vous avez choisi l'option **Insérer**, le document sélectionné s'affiche dans la zone **Attaché**. Si votre message est au format Texte enrichi (RTF), et que vous avez choisi l'option **Insérer**, le document sélectionné s'affiche dans le corps du message sous la forme d'une icône.*

Si besoin, continuez l'élaboration du message puis envoyez-le en cliquant sur le bouton **Envoyer**.

Selon le type de fichier mis en pièce jointe, il est possible qu'Outlook le considère comme non sûr. De ce fait, une alerte apparaît.

Dans ce cas, cliquez sur le bouton **Oui**.

Chez l'expéditeur et chez les destinataires, les messages avec pièce jointe apparaissent avec le symbole 📎.

Insérer un fichier

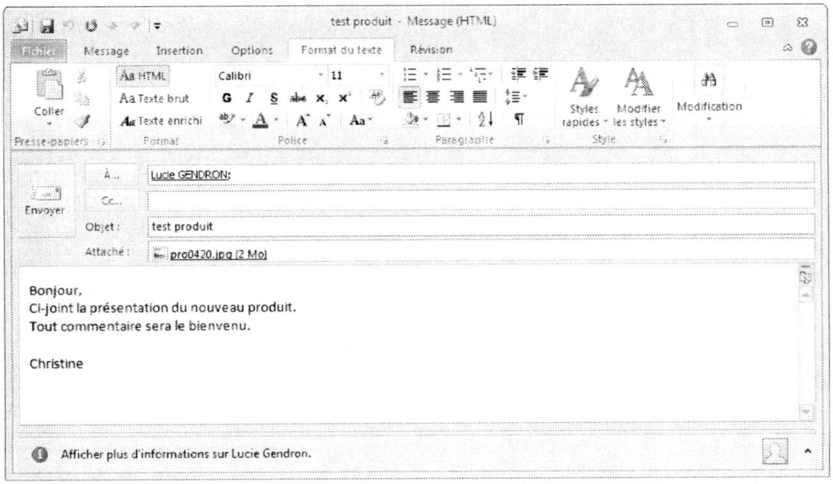

Le format du message est visible dans la barre de titre de la fenêtre du message.

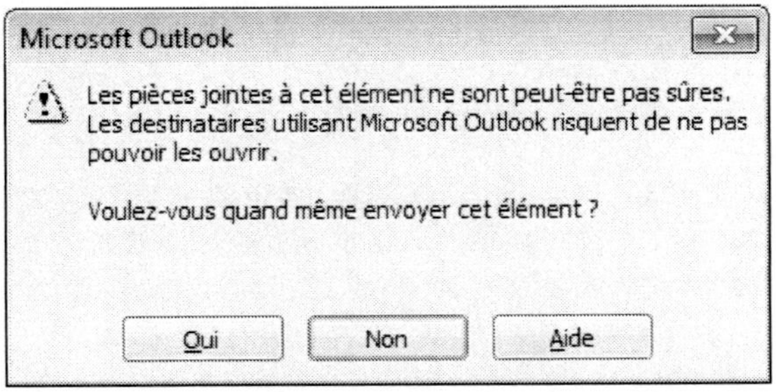

Une alerte apparaît si vous tentez d'envoyer un fichier jugé non sûr.

Consulter un message reçu

Sélectionnez le dossier **Boîte de réception**.

Affichez, si besoin, le volet de lecture (onglet **Affichage** - bouton **Volet de lecture - À droite** ou **En bas**) puis cliquez sur le message à consulter ou, ouvrez-le en réalisant un double clic dessus.

Les messages non lus sont présentés en caractères gras et ils sont précédés du symbole suivant : .

Il est possible qu'une alerte apparaisse discrètement dans le coin inférieur droit du bureau afin de vous avertir de l'arrivée d'un courrier.

Si c'est votre cas, cliquez sur l'alerte du message pour ouvrir le message et le lire aussitôt. Si vous ne souhaitez pas le lire maintenant, cliquez sur le bouton ou attendez quelques secondes pour que l'alerte disparaisse.

Si votre message contient des images, il est possible que celles-ci ne soient pas visibles et que vous deviez les télécharger.

- Si c'est votre cas, cliquez sur la barre d'information vous informant qu'Outlook a empêché le téléchargement automatique de certaines images puis cliquez sur l'option **Télécharger les images**.

- Pour consulter le message suivant ou le message précédent, utilisez les outils et visibles dans la barre d'outils **Accès rapide**.

  Lorsque la lecture du message est terminée, cliquez sur le bouton de la fenêtre du message pour le fermer.

  Dès qu'un message a été consulté, il est considéré comme lu ; les messages lus sont précédés du symbole et l'en-tête du message n'apparaît plus en caractères gras.

Pour faciliter la recherche des messages non lus, dans l'onglet **Accueil**, cliquez sur le bouton **Filtre de courrier** du groupe **Rechercher** puis cliquez sur l'option **Non lu** ; un clic sur le bouton **Fermer la recherche** de l'onglet **Recherche** permet d'afficher de nouveau tous les messages.

Si vous ouvrez un message pour lequel l'expéditeur a défini une confirmation de lecture, une boîte de dialogue apparaît vous demandant si vous souhaitez ou non envoyer la confirmation : cliquez sur le bouton **Oui** ou **Non** selon votre souhait.

Consulter un message reçu

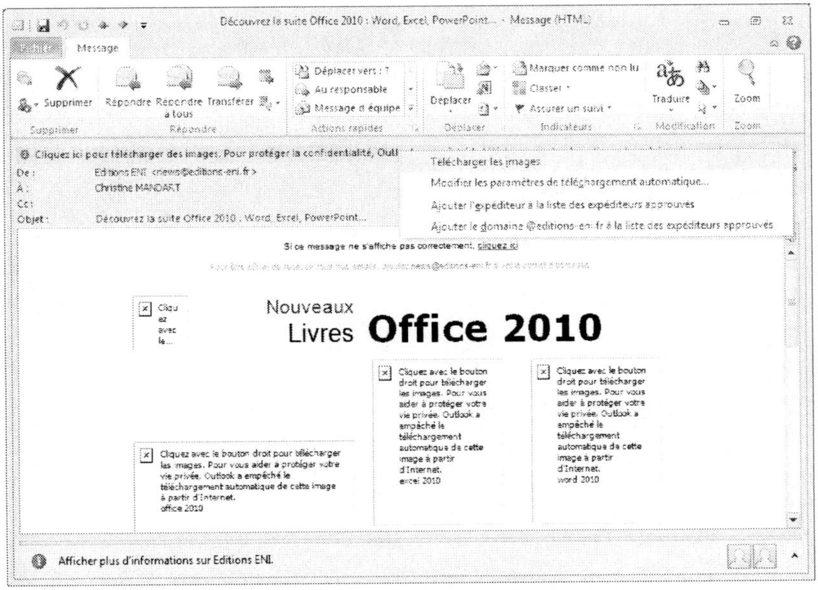

Vous pouvez **Modifier les paramètres de téléchargement automatique** en cliquant sur l'option correspondante.

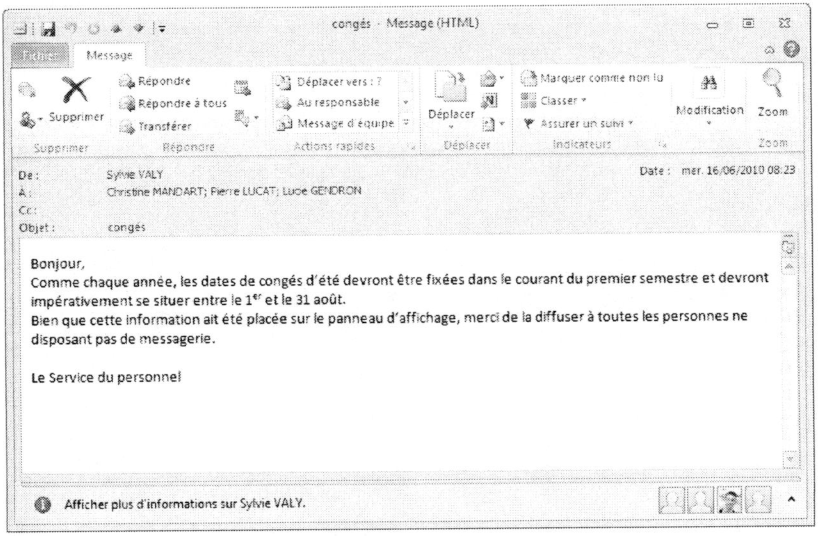

Lorsque vous ouvrez le message, la fenêtre rappelle entre autres le nom de l'expéditeur et celui des différents destinataires.

Répondre à un message à l'aide de la messagerie instantanée

Vous pouvez répondre à un message à l'aide de la messagerie instantanée Windows Live Messenger si celle-ci est installée sur votre ordinateur et si vous possédez un compte de messagerie Hotmail dans Outlook. Le message reçu doit provenir d'une messagerie Internet Hotmail (créé lors de la création d'un identifiant Windows Live) et l'expéditeur doit bien sûr avoir la messagerie instantanée Windows Live Messenger installée sur son ordinateur.

Sélectionnez le dossier **Boîte de réception** puis faites un double clic sur le message auquel vous souhaitez répondre.

Un indicateur de connexion s'affiche en regard du nom de l'expéditeur dans la ligne ***De*** *mais également en regard de chaque nom affiché dans les lignes* ***À*** *et* ***Cc****.*

La couleur de cet indicateur change en fonction du statut de connexion : la couleur verte indique que la personne est disponible, la couleur jaune que la personne est absente, la couleur rouge que la personne est occupée, la couleur grise que la personne est déconnectée (hors ligne).

- Pointez le nom de l'expéditeur pour afficher sa carte de contact.

  Cliquez sur l'icône **Envoyer un message instantané à** située dans la carte de contact ou cliquez sur le bouton **Message instantané** situé dans le groupe **Répondre** (onglet **Message**) puis sur l'option **Répondre par un message instantané**.

  La fenêtre de la messagerie instantanée s'affiche à l'écran.

- Saisissez votre message.

  Appuyez sur la touche [Entrée] pour envoyer votre message.

  Fermez la fenêtre du message Outlook en cliquant sur le bouton [X].

Vous pouvez également envoyer un message instantané à partir du volet de lecture du message Outlook concerné.

Répondre à un message à l'aide de la messagerie instantanée

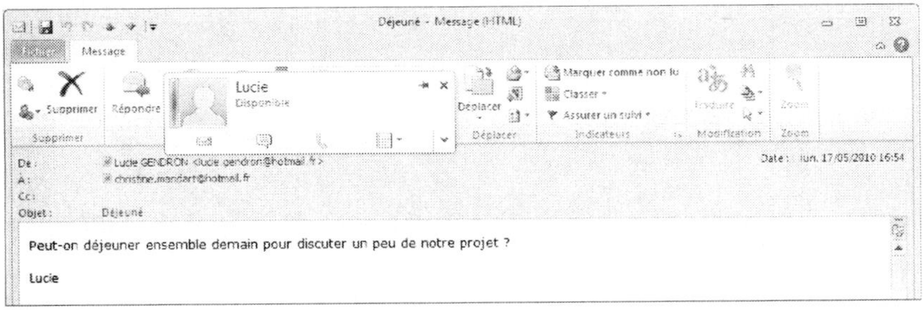

Le statut de connexion s'affiche dans la carte de contact. Ici, Lucie est disponible, aussi nous pouvons lui répondre par le biais de la messagerie instantanée.

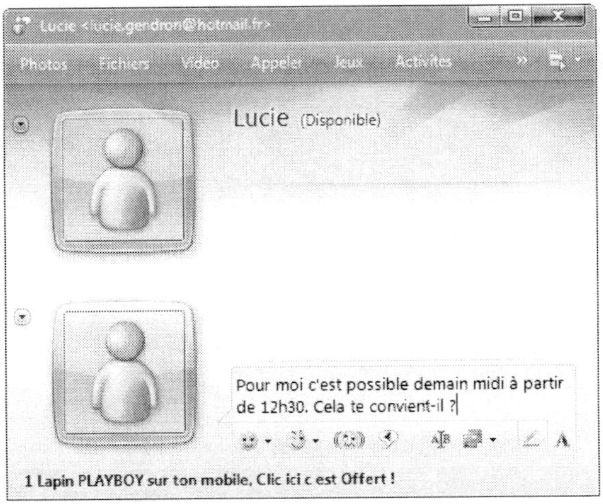

Vous pouvez utiliser les outils situés sous la zone de texte pour mettre en forme le texte ou agrémenter votre message d'émoticônes.

Recevoir un message comportant une pièce jointe

Rappelons que pour des raisons de sécurité, Outlook analyse les pièces jointes aux messages reçus ou expédiés et rejette systématiquement tous les types de fichiers susceptibles de contenir un virus. Selon le format de la pièce jointe, vous pouvez afficher un aperçu.

Pour prévisualiser une pièce jointe sans ouvrir le message, sélectionnez le message contenant la pièce jointe.

La ou les pièces jointes associées au message sont affichées à droite de la zone ***Message*** *située dans la partie supérieure du volet.*

Cliquez sur la pièce jointe pour laquelle vous souhaitez afficher un aperçu.

Selon le type de fichier, il est possible que le volet de lecture affiche un message de recommandation.

Si c'est votre cas et que vous ne souhaitez plus visualiser ce message par la suite, décochez l'option **Toujours m'avertir avant d'afficher l'aperçu de ce type de fichier** puis cliquez sur le bouton **Afficher l'aperçu du fichier**.

Un aperçu du contenu du fichier joint est désormais visible dans le volet de lecture et l'onglet ***Pièces jointes*** *est sélectionné dans le Ruban.*

Pour afficher de nouveau le contenu du message, cliquez sur le bouton Message visible à gauche de la liste des pièces jointes dans la partie supérieure du volet de lecture.

Recevoir un message comportant une pièce jointe

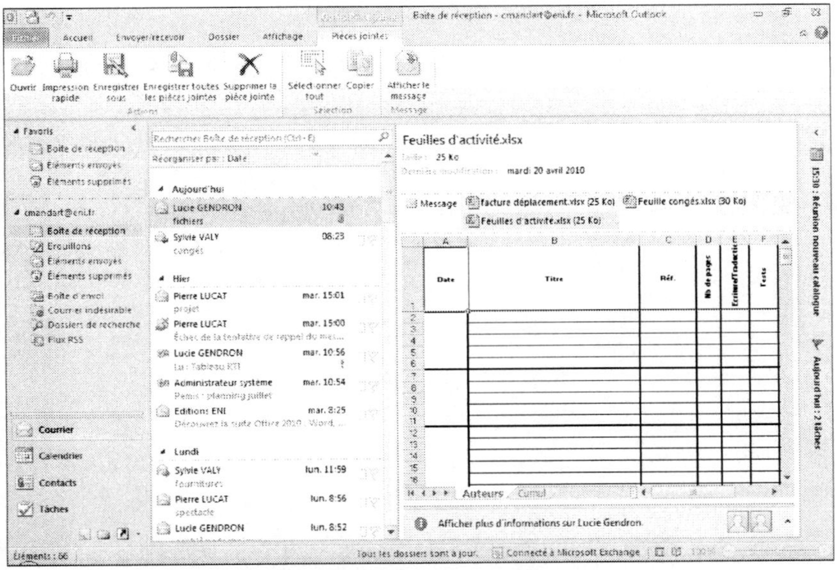

Le message comporte ici 3 fichiers joints.

Répondre à un message

Ouvrez le message auquel vous souhaitez répondre par un double clic dessus ou, sélectionnez-le sans l'ouvrir.

Pour répondre à l'expéditeur du message, cliquez sur le bouton **Répondre** visible dans le groupe **Répondre** ou utilisez le raccourci-clavier Ctrl **R**.

Pour répondre à l'expéditeur et à tous les destinataires, cliquez sur le bouton **Répondre à tous** visible dans le groupe **Répondre** ou utilisez le raccourci-clavier Ctrl Shift **R**.

*Dans la fenêtre de réponse, Outlook reprend le nom de l'expéditeur du message en tant que destinataire de la réponse et il fait précéder l'objet des lettres **RE** ; le message d'origine est intégralement repris dans la zone de saisie du texte.*

*Si vous utilisez un compte Exchange Server 2010, la barre **Infos-courrier** vous informe du nombre de destinataires lorsque celui-ci est important.*

Renseignez votre réponse dans la zone de saisie réservée au texte.

Cliquez sur le bouton **Envoyer** pour envoyer votre réponse.

Fermez la fenêtre du message d'origine en cliquant sur le bouton ☒.

*Dans la **Boîte de réception** de l'expéditeur de la réponse, le message est précédé du symbole et dans son dossier **Éléments envoyés**, l'objet du message est précédé des lettres **RE**.*

Répondre à un message

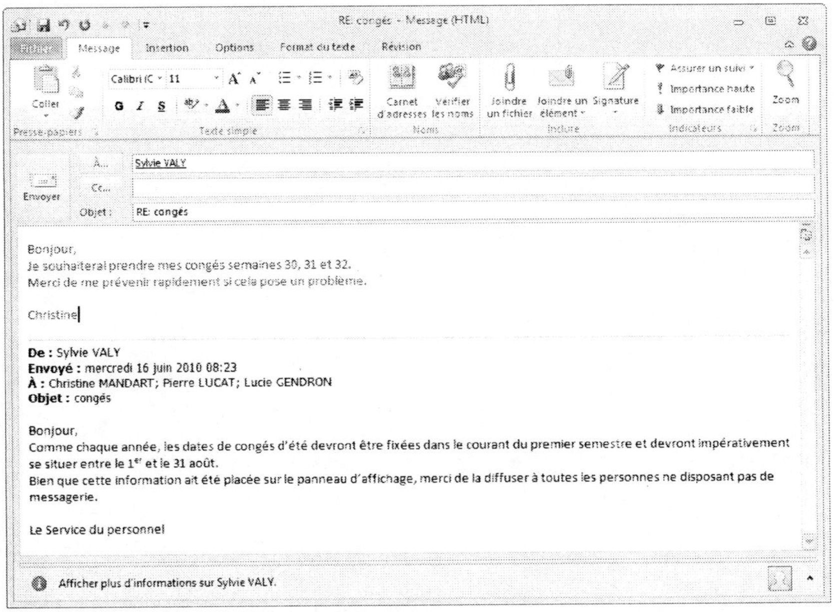

Le texte de la réponse s'affiche en bleu. Rien ne vous empêche de modifier le texte d'origine.

NOTES PERSONNELLES

A

B

J

L

M

S

T